Persona de referencia en los protocolos para la prevención y abordaje del acoso sexual y por razón de sexo. CTRH0002

Noelia Aranda Maiz

Persona de referencia en los protocolos para la prevención y abordaje del acoso sexual y por razón de sexo. CTRH0002
© Noelia Aranda Maiz

1ª Edición

© IC Editorial, 2025

Editado por: IC Editorial
c/ Cueva de Viera, 2, Local 3
Centro Negocios CADI
29200 Antequera (Málaga)
Teléfono: 952 70 60 04
Fax: 952 84 55 03
Correo electrónico: iceditorial@iceditorial.com
Internet: www.iceditorial.com

ISBN: 978-84-1184-600-4
Depósito Legal: MA 211-2025

Impresión: PODiPrint
Impreso en Andalucía – España

Nota de la editorial: IC Editorial pertenece a Innovación y Cualificación S. L.

Especialidad formativa

Se entiende por especialidad formativa la agrupación de contenidos, competencias profesionales y especificaciones técnicas que responde a un conjunto de actividades de trabajo enmarcadas en una fase del proceso de producción y con funciones afines.

Las especialidades formativas de Uso General, Formación Complementaria, Formación Modular y las especialidades formativas dirigidas a la obtención de certificados de profesionalidad se incluyen en el Fichero de Especialidades del Servicio Público de Empleo Estatal para su gestión en todo el territorio nacional por cualquier Administración competente.

Las especialidades complementarias, pertenecen todas a la Familia profesional de Formación Complementaria (FCO) y tienen la consideración de formación transversal en áreas que se consideran prioritarias tanto en el marco de la Estrategia Europea para el Empleo y del Sistema Nacional de Empleo como en las directrices establecidas por la Unión Europea. Se consideran áreas prioritarias las relativas a tecnologías de la información y la comunicación, la prevención de riesgos laborales, la sensibilización en medio ambiente, la promoción de la igualdad, la orientación profesional y aquellas otras que se establezcan por la Administración competente.

Las especialidades de Certificado de profesionalidad tienen una duración especificada en su normativa reguladora.

En el resultado de la búsqueda, se muestran las unidades de competencia, todos los módulos formativos con su duración y las unidades formativas del certificado correspondiente, con su duración. Las horas del certificado, exclusivo de las especialidades de certificado de profesionalidad, con alta igual o superior a 2008, son las horas totales más las horas del módulo de Prácticas Profesionales no Laborales.

- ⮕ **Si la especialidad tiene unidades formativas,** las horas totales, presencial, distancia, teleformación serán igual a la suma de esas horas de las unidades formativas de los distintos módulos, sin que se repita ninguna Unidad formativa.

➲ **Si la especialidad no tiene unidades formativas,** las horas totales, presencial, distancia, teleformación serán igual a las sumas de esas horas de los módulos formativos, eliminando las horas de los módulos repetidos.

https://sede.sepe.gob.es/especialidadesformativas/RXBuscadorEFRED/BusquedaEspecialidades.do

(Fuente: Servicio Público de Empleo Estatal)

Índice

Unidad de aprendizaje 1
Marco estructural de las desigualdades y marco normativo

1. Introducción	11
2. Definición del marco estructural de desigualdades	11
3. Interpretación de la desigualdad estructural de mujeres y hombres como causa de la violencia machista	14
4. Identificación de situación de acoso sexual y por razón de sexo	18
5. Cuantificación de las consecuencias	24
6. Análisis del marco normativo	26
7. Resumen	30
Ejercicios de autoevaluación	33

Unidad de aprendizaje 2
Herramientas para la búsqueda de empleo

1. Introducción	39
2. Descripción de las herramientas para la prevención del acoso	39
3. Identificación de los actores implicados	42
4. Definición del plan de igualdad y el protocolo de acoso	46
5. Enumeración de las medidas preventivas	49
6. Resumen	53
Ejercicios de autoevaluación	55

Unidad de aprendizaje 3
Comunicación efectiva y red de recursos existentes y derivaciones

1. Introducción	59
2. Análisis de una comunicación efectiva	59
3. Aplicación de la escucha activa	62
4. Descripción de cómo relacionarse con los actores implicados en el proceso	69
5. Clasificación de los recursos existentes	71
6. Ejecución de las herramientas y espacios de autocuidado	76

7. Resumen   80
   Ejercicios de autoevaluación   83

Unidad de aprendizaje 4
Contenido del protocolo

1. Introducción   89
2. Resumen del protocolo   89
3. Identificación de las vías externas   99
4. Clasificación de la jurisdicción   102
5. Aplicación de casos prácticos   105
6. Resumen   110
   Ejercicios de autoevaluación   113

Glosario   117

Bibliografía   121

OBJETIVOS GENERALES

Los objetivos generales del **CTRH0002. Persona de referencia en los protocolos para la prevención y abordaje del acoso sexual y por razón de sexo,** son los siguientes:

- Facilitar herramientas a las personas que van a ejercer o están ejerciendo las funciones de persona de referencia para la prevención y abordaje del acoso sexual, por razón de sexo.
- Informar, asesorar y acompañar a las personas afectadas.
- Evitar la victimización secundaria de las mujeres y establecer medidas que impidan la reproducción o perpetuación de los estereotipos sobre las mujeres y la violencia machista.
- Profundizar en la dinámica y particularidades del acoso sexual y el acoso por razón de sexo.
- Definir el contenido del protocolo, sus implicaciones, y cómo facilitar su implementación.

Marco estructural de las desigualdades y marco normativo

Contenido

1. Introducción
2. Definición del marco estructural de desigualdades
3. Interpretación de la desigualdad estructural de mujeres y hombres como causa de la violencia machista
4. Identificación de situación de acoso sexual y por razón de sexo
5. Cuantificación de las consecuencias
6. Análisis del marco normativo
7. Resumen

Objetivos

El objetivo general de esta Unidad de Aprendizaje es:

→ Informar, asesorar y acompañar a las personas afectadas.

Los objetivos específicos de esta Unidad de Aprendizaje son:

→ Identificar los distintos tipos de violencias machistas, haciendo especial hincapié en el acoso sexual y por razón de sexo.

→ Conocer el marco normativo correspondiente a las violencias machistas.

1. Introducción

La violencia contra las mujeres es **estructural e histórica,** afecta a todos los ámbitos de la sociedad, incluido el laboral.

En las últimas décadas, la lucha para erradicar todos los tipos de violencia contra las mujeres se ha intensificado, llevando a la aprobación de un gran número de normativas a nivel internacional y nacional, donde no solo se definen las distintas tipologías de violencias machistas, sino que se proponen medidas concretas para reducirlas.

En el ámbito laboral, destaca la normativa en materia de **planes de igualdad** y **protocolos de acoso sexual y por razón de sexo.**

Las distintas investigaciones han mostrado que, lamentablemente, el acoso sexual y por razón de sexo sucede en muchas empresas, por lo que es necesario llevar a cabo estrategias para evitarlo y minimizarlo.

Por ello, a lo largo de esta unidad vamos a realizar un recorrido por el **origen de las desigualdades** de poder entre hombres y mujeres, viendo los distintos **tipos y acciones de acoso sexual y por razón de sexo,** para acabar conociendo la **normativa internacional y nacional** más relevante en relación con la violencia contra las mujeres.

Para ello, nos basaremos en el caso de María, trabajadora de la empresa Igualitas Clave S. L., que ha sido designada por la empresa como persona de referencia en el ámbito de aplicación del plan de igualdad y del protocolo de acoso sexual y por razón de sexo de la empresa.

2. Definición del marco estructural de desigualdades

 HILO CONDUCTOR

En la empresa de María, Igualitas Clave S. L., quieren aplicar la perspectiva de género a distintos niveles. Han empezado analizando el número de trabajadoras y trabajadores que tienen hijas e hijos en la empresa y cuáles se han reducido la jornada o cogido una excedencia en los últimos años. Los datos han mos-

Continúa en página siguiente >>

<< Viene de página anterior

trado que el 90 % de las mujeres que son madres han cogido una excedencia o reducido la jornada para el cuidado de sus hijas e hijos, frente al 7 % de los hombres en la misma situación. Por ello, la empresa ha decidido realizar una investigación para conocer qué necesidades tienen las mujeres en torno a la conciliación familiar y profesional, para así paliar la desigualdad.

- -

La violencia contra las mujeres es una violencia estructural que sucede en todo el mundo. En la actualidad, un gran número de países han reconocido en su normativa la igualdad formal entre mujeres y hombres, y llevan a cabo medidas para poder paliar la desigualdad y conseguir la igualdad real y efectiva, y por tanto, la erradicación de la violencia contra las mujeres. En este primer apartado, conoceremos la forma de reproducción de las desigualdades estructurales y cómo al trabajar desde la perspectiva de género se colabora en la erradicación de la violencia.

2.1. Perspectiva de género

La **perspectiva de género** es una herramienta conceptual que presta atención a las diferencias entre sexos, para mostrar las diferencias entre mujeres y hombres; es decir, es una metodología que permite identificar y cuestionar la desigualdad, discriminación y exclusión de las mujeres.

Además, para poder aplicar la perspectiva de género es necesario conocer algunos conceptos básicos como los siguientes:

- **Androcentrismo:** el hombre como medida de todas las cosas.
- **Discriminación:** trato diferenciado que se basa en un motivo aparentemente neutro, pero que al aplicarlo tiene un impacto perjudicial para un grupo o colectivo.
- **Discriminación directa:** situación en la que una persona o grupo recibe un trato desigual y perjudicial basado en motivos de sexo, raza, color, religión, opinión política, origen social, etc.
- **Discriminación indirecta:** un tratamiento diferenciado se basa en un motivo aparentemente neutro, pero que al aplicarlo tiene un impacto perjudicial sobre un grupo o colectivo.
- **Equidad:** toda persona debe ser tratada en función de sus posibilidades, necesidades y diferencias. Parte de las diferencias para encontrar un equilibrio igualitario.

- **Igualdad formal:** artículo 14 de la Constitución española (todas las personas somos iguales ante la ley).
- **Igualdad de oportunidades:** todas las personas podemos acceder a los mismos bienes y servicios.
- **Prejuicios:** sentimientos y emociones positivas o negativas que se tienen sobre un grupo social y las personas que forman parte de él.
- **Segregación horizontal:** se produce cuando las mujeres están sobrerrepresentadas en actividades vinculadas a las tareas habitualmente femeninas basadas en la división sexual del trabajo.
- **Segregación vertical:** se produce cuando las personas de determinado sexo o raza no pueden acceder a los puestos más altos de las empresas. También se conoce como techo de cristal.

 **VÍDEO**

Puedes ver un vídeo donde se hace referencia a la discriminación directa e indirecta, con ejemplos de cada una para comprenderlas mejor. Accede desde aquí:

https://redirectoronline.com/ctrh00020101

2.2. Violencias machistas

La Convención sobre la Eliminación de todas las formas de discriminación contra las mujeres (CEDAW), en su artículo 1, señala por primera vez en el marco internacional qué es la discriminación contra las mujeres:

A los efectos de la presente Convención, la expresión "discriminación contra la mujer" denotará toda distinción, exclusión o restricción basada en el sexo que tenga por objeto o resultado menoscabar o anular el reconocimiento, goce o ejercicio por la mujer, independientemente de su estado civil, sobre la base de la igualdad del hombre y la mujer, de los derechos humanos y las libertades fundamentales en las esferas política, económica, social, cultural y civil o en cualquier otra esfera.

Así, las **violencias machistas** son aquellas basadas en la desigualdad de poder de mujeres y hombres, y en la estructura social patriarcal.

El **Convenio del Consejo de Europa sobre la prevención y lucha contra la violencia contra las mujeres y la violencia doméstica** (2011), más conocido como Convenio de Estambul, se inspiró en el concepto anterior, incluyendo además de la **violencia de género,** el **acoso sexual,** la **violación,** los **matrimonios forzosos,** los **crímenes cometidos supuestamente en nombre del** *honor* y las **mutilaciones genitales.**

 SABÍAS QUE...

Según los datos del Grupo de trabajo interinstitucional de las Naciones Unidas sobre datos y estimaciones acerca de la violencia contra la mujer (2021), 736 millones de mujeres y niñas de 15 años o más, alguna vez a lo largo de su vida van a ser víctimas de violencia en la pareja o violencia sexual

Asimismo, se estima que más de 230 millones de mujeres y niñas vivas actualmente han sufrido mutilación genital femenina en África, Oriente Medio y Asia.

3. Interpretación de la desigualdad estructural de mujeres y hombres como causa de la violencia machista

 HILO CONDUCTOR

María durante los últimos meses se ha encargado de analizar la distribución de tareas en la oficina. Ha observado que en muchos casos sigue existiendo una reproducción de los roles de género tradicionales. Ha podido observar como el 87 % de las personas con responsabilidad en la empresa son hombres, el 100 %

Continúa en página siguiente >>

<< Viene de página anterior

del personal de limpieza son mujeres y el 89 % de las personas que se han cogido durante la época estival una excedencia para el cuidado de sus hijas e hijos o personas dependientes han sido mujeres.

La desigualdad estructural entre mujeres y hombres tiene su origen en el patriarcado y las desigualdades de poder existentes. De la misma forma, esta desigualdad se ha seguido reproduciendo durante siglos a través de la socialización de género, roles y estereotipos de género y la división sexual del trabajo. Se ha considerado que las mujeres debían ocupar la esfera privada, encargándose de los cuidados y las tareas domésticas y los hombres, de la esfera pública, del trabajo productivo. Así, los últimos años las mujeres se han unido al mundo laboral, a la esfera pública, pero la mayoría de ellas siguen encargándose en soledad de la esfera privada. En este apartado, veremos cómo las desigualdades siguen existiendo y por qué son el origen de la violencia machista.

3.1. Conceptualización

La discriminación y violencia hacia las mujeres es estructural, sistémica e histórica, surge de la desigualdad de poder entre mujeres y hombres.

El eje de esta desigualdad estructural y, por tanto, de las violencias machistas, es la **socialización diferencial de género.**

La socialización diferencial implica que niñas y niños son diferentes y, por tanto, deben tener distintos roles en la vida. Este proceso perpetúa las desigualdades y la división sexual del trabajo.

La socialización diferencial se materializa en los siguientes aspectos:

- ⮑ **Estereotipos de género.** Conjunto de ideas impuestas, simplificadas, asumidas por la sociedad sobre las actitudes, aptitudes y características de hombres y mujeres. Los estereotipos se han ido transmitiendo de generación en generación en nuestras sociedades.
- ⮑ **Roles de género.** Conjunto de normas sociales comportamientos que deben seguir hombres y mujeres en función de la construcción social de femineidad y masculinidad de esa sociedad.

- **Esfera privada.** Es el espacio de *inactividad.* Es el lugar donde se cuida del hogar, la crianza y el cuidado de las personas. En este espacio se ha colocado tradicionalmente a las mujeres.
- **Esfera pública.** Ámbito productivo, donde tiene lugar la vida social, política, laboral y económica. Es donde se ha colocado tradicionalmente a los hombres.

 **VÍDEO**

Puedes ver un vídeo donde se explica de forma breve qué son los estereotipos de género y el lenguaje no sexista, con ejemplos prácticos. Para ver este vídeo accede desde aquí:

https://redirectoronline.com/ctrh00020106

 **EJEMPLO**

Las mujeres tienen asignado el rol reproductivo, es decir, ser madres y criar y cuidar de sus hijas e hijos, y también de las personas mayores y dependientes. Esto, a nivel laboral, se traduce, por ejemplo:

- En el primer trimestre de 2024, el 85 % de las excedencias solicitadas para cuidados han sido solicitadas por mujeres.
- Durante 2023, el 90,8 % de las reducciones de jornada para cuidado de hijas e hijos fueron solicitadas por mujeres.
- Según la Organización Internacional del Trabajo, el 76,2 % de las personas que se dedican al trabajo doméstico son mujeres.
- En el caso de España, según el SEPE, el 95,56 % de las personas que están dadas de alta en el régimen de empleadas del hogar son mujeres.

3.2. Datos

Las violencias contra las mujeres siguen sucediendo en todas las partes del mundo. Algunos datos interesantes sobre ello:

⊃ **ONU Mujeres (2023):**

- ↻ De los 120 países estudiados, 67 carecen de leyes que prohíban la discriminación directa y/o indirecta contra las mujeres.
- ↻ 53 países no tienen leyes específicas de igualdad de remuneración por un trabajo de igual valor.
- ↻ Solo el 28,2 % de los cargos directivos en el ámbito laboral, a nivel mundial, recaen en mujeres.
- ↻ Al ritmo actual, la proporción de mujeres en cargos directivos en 2050 será solo del 30 %.
- ↻ 245 millones de mujeres y niñas de 15 años o más experimentan violencia física o sexual a manos de su pareja.

⊃ **Macroencuesta de violencia contra la mujer en España (2019):**

- ↻ Un 32,4 % de las mujeres ha sufrido violencia en la pareja.
- ↻ El 77,4 % de las mujeres que han sufrido violencia física, sexual o psicológica con una expareja rompieron la relación por los episodios de violencia.
- ↻ El 70 % de las mujeres que han sufrido violencia sexual, física y/o psicológica de alguna pareja afirman que los episodios de violencia les han provocado secuelas psicológicas.
- ↻ El 24,4 % de las mujeres que han sufrido violencia física, psicológica y/o sexual de alguna pareja, y el 33 % de las mujeres que han sufrido violencia física o sexual han consumido medicamentos, alcohol u otras drogas para afrontar la situación.

⊃ **Acoso sexual y por razón de sexo en el ámbito laboral en España (2021):**

- ↻ 7 de cada 10 (el 72,4 %) de las mujeres víctimas no comunicaron a la empresa que estaban siendo acosadas.
- ↻ El 61,9 % de ellas no lo hizo por temor a las represalias.
- ↻ El 76,6 % no se dirigió a la representación legal de los trabajadores/as.
- ↻ 8 de cada 10 de las mujeres encuestadas (80,4 %) señaló haberse sentido discriminada en el trabajo.
- ↻ Al 61,1 % se habían dirigido de forma ofensiva por ser mujeres, al 32,4 % les habían asignado tareas o responsabilidades por debajo de su categoría profesional y el 25,7 % había sido relegada en la promoción profesional.

ACTIVIDAD COMPLEMENTARIA

1. Busca distintas noticias que hagan referencia al acoso sexual y por razón de sexo, y extrae conclusiones sobre el contenido de estas noticias y datos encontrados.

---

4. Identificación de situación de acoso sexual y por razón de sexo

HILO CONDUCTOR

Es muy importante conocer las dinámicas del acoso sexual y acoso por razón de sexo. En la empresa de María, Igualitas Clave, S. L., han tenido un caso de acoso sexual recientemente. Una de las limpiadoras de la oficina, Fernanda, acudió a María porque llevaba varios meses sufriendo acoso por parte de Javier, su superior. Aunque, hasta la última acción, no se dio cuenta que estaba siendo acosada. El acoso empezó de forma sutil, a través de piropos, que fueron subiendo de tono y acabando en comentarios delante de clientes y roces al pasar. No obstante, no fue hasta que le hizo el siguiente comentario: "Si quieres librar este viernes y tener puente, ven y te digo cómo...". Fernanda asoció esas palabras con el acoso sexual.

El acoso sexual y por razón de sexo sucede en un gran número de empresas. Se considera por la normativa nacional e internacional como un tipo de violencia machista, ya que ambos acosos reproducen los roles y estereotipos de género, sea para conseguir un fin sexual (acoso sexual) o para ridiculizar y humillar a las personas que se salen de los roles y estereotipos de género establecidos tradicionalmente (acoso por razón de sexo). En este apartado veremos las especificidades y conductas incluidas en cada uno de ellos.

4.1. Especificidades

El acoso sexual y el acoso por razón de sexo puede ser sufrido tanto por mujeres como por hombres; no obstante, las distintas investigaciones muestran que las mujeres son las principales víctimas, por su situación de inferioridad estructural respecto a los hombres y la subordinación jerárquica profesional.

➲ **Acoso sexual.** Viene definido en el artículo 7.1. de la Ley Orgánica 3/2007, de 22 de marzo, para la igualdad efectiva de mujeres y hombres:

> *Cualquier comportamiento, verbal o físico, de naturaleza sexual que tenga el propósito o produzca el efecto de atentar contra la dignidad de una persona, en particular cuando se crea un entorno intimidatorio, degradante u ofensivo.*

Es decir, el acoso sexual tiene un fin sexual y comprende conductas verbales, no verbales y de carácter físico.

➲ **Acoso por razón de sexo.** Viene definido en el artículo 7.2. de la Ley Orgánica 3/2007, de 22 de marzo, para la igualdad efectiva de mujeres y hombres:

> *Cualquier comportamiento realizado en función del sexo de una persona, con el propósito o el efecto de atentar contra su dignidad y de crear un entorno intimidatorio, degradante u ofensivo.*

Es decir, el acoso por razón de sexo abarca el uso de conductas discriminatorias por tener un determinado sexo. Algunos ejemplos: cuando las conductas discriminatorias van destinadas a una mujer por el hecho de serlo, o debido a su embarazo, lactancia o maternidad; cuando van destinadas a una mujer u hombre por ejercer algún derecho laboral previsto para la conciliación de la vida personal, profesional y familiar; y finalmente, cuando el objetivo es humillar y ridiculizar a una persona por asumir las tareas que tradicionalmente ha asumido el otro sexo, por ejemplo, hombres que se dedican a las tareas de cuidado y/o domésticas o mujeres que trabajan en sectores como la minería.

 **VÍDEO**

Puedes ver un vídeo donde se explica el acoso sexual y el acoso por razón de sexo basado en la Ley Orgánica 3/2007, de 22 de marzo, para la igualdad efectiva de mujeres y hombres accediendo desde aquí:

Continúa en página siguiente >>

<< Viene de página anterior

https://redirectoronline.com/ctrh00020102

4.2. Dinámicas de abuso

El abuso puede tomar distintas formas si es acoso sexual o acoso por razón de sexo, y además, podemos hablar de distintas tipologías según la o las personas agresoras y la o las víctimas. Es decir, por un lado tendríamos las acciones que constituyen acoso sexual y las que constituyen acoso por razón de sexo y, posteriormente, tendríamos una serie de tipologías según si la persona acosadora es superior, inferior o igual jerárquicamente y/o si busca un chantaje sexual o meramente crear un ambiente hostil. A continuación mostramos dicha representación:

➲ **Acoso sexual:**

  ʊ **Conductas verbales:**

  - ⇕ Difundir rumores sobre la vida sexual de la persona.
  - ⇕ Hacer bromas y comentarios sexuales ofensivos.
  - ⇕ Preguntar y/o explicar fantasías y preferencias sexuales.
  - ⇕ Hacer comentarios groseros sobre la apariencia física de una persona.

  ʊ **Conductas no verbales:**

  - ⇕ Hacer gestos y echar miradas lascivas y obscenas.
  - ⇕ Exhibir fotos sexualmente sugestivas o pornográficas.
  - ⇕ Usar imágenes de la red con contenido sexual.

  ʊ **Conductas de carácter físico:**

  - ⇕ Establecer contacto físico deliberado y no solicitado.
  - ⇕ Arrinconar a la otra persona.

- Tocar intencionalmente las partes sexuales del cuerpo.
- Realizar un acercamiento físico excesivo.
- Preguntar y/o explicar fantasías y preferencias sexuales.
- Hacer comentarios groseros sobre la apariencia física de una persona.

➲ **Acoso por razón de sexo:**

◑ **Medidas organizativas:**

- Asignar tareas sin sentido o contradictorias.
- Desautorizar las decisiones de la persona.
- Asignar tareas muy superiores o muy inferiores a las competencias o cualificaciones de la persona.
- Negar o dificultar el acceso a permisos, formaciones, actividades, etc.
- Juzgar el desempeño de la persona de forma ofensiva.
- Negar u ocultar los datos para realizar el trabajo o facilitarle datos erróneos.

◑ **Actuaciones que buscan aislar a la persona:**

- Cambiar a la persona de lugar de trabajo separándola de sus compañeros/as.
- Ignorar la presencia de la persona.
- Evitar contacto visual.
- No permitir que se exprese libremente.
- Eliminar los medios de comunicación de la persona (mensajería, teléfono, etc.).

◑ **Acciones que afectan a la salud física y psicológica de la persona:**

- Realizar amenazas verbales, por escrito o físicas.
- Agredir físicamente.
- Realizar llamadas atemorizantes.
- Destrozar su puesto de trabajo.
- Exigir a la persona que realice trabajos peligrosos o sin las medidas de protección oportunas.

◑ **Ataques a la vida privada y a la reputación:**

- Dar a entender que la persona tiene problemas psicológicos.
- Burlarse de sus gestos, su voz, su apariencia física, etc.

⇕ Criticar su nacionalidad, su orientación sexual, su vida privada, sus creencias políticas y religiosas, etc.

⇕ Manipular la reputación de la persona a través de rumores que la denigran y ridiculizan.

➲ **Tipologías:**

◑ **Acoso vertical descendente.** Ejercido por un cargo superior sobre una o más personas trabajadoras.

◑ **Acoso vertical ascendente.** Ejercido por una persona trabajadora o grupo sobre un superior jerárquico.

◑ **Acoso horizontal.** Ejercido por una persona trabajadora o grupo sobre una/o de sus compañeras/os.

◑ **Acoso ambiental.** Es el comportamiento sexual impropio o un determinado comportamiento dirigido a una persona por razón de su sexo, crea un ambiente intimidatorio, hostil y ofensivo. Este acoso lo pueden llevar a cabo tanto las y los compañeros/as como los y las superiores jerárquicos/as.

◑ **Acoso de intercambio.** Es lo que se denominaría chantaje sexual. Pueden ejercer este acoso las personas que están por encima de mí, ya que buscan que se cumplan ciertos requerimientos sexuales para dar o quitar beneficios en el trabajo.

 **VÍDEO**

Puedes ver cuatro ejemplos reales de mujeres que han sufrido acoso sexual en su lugar de trabajo. Cada una de ellas ha sido víctima de distintas conductas, accede desde aquí para verlo:

https://redirectoronline.com/ctrh00020103

TAREA 1

Patricia trabaja en una granja como ordeñadora de bovinos. Desde hace unos 15 días, su compañero Pablo la ha estado acosando. Primero empezó con roces al pasar y piropeándola. Posteriormente, en los viajes de ida y vuelta al trabajo, empezó con tocamientos en la pierna y le propuso que se dejara tocar los pechos para compensarle los viajes. Finalmente, el motivo que propició la denuncia es que Pablo intentó entrar dos veces a la ducha de los vestuarios femeninos cuando estaba ella dentro. Reflexiona e indica el tipo de acoso que está recibiendo Patricia y las acciones sufridas.

4.3. Violencia machista

El acoso sexual está incluido a nivel internacional y nacional como una de las manifestaciones de la violencia machista. A nivel estatal, la última macroencuesta de violencia contra las mujeres (Delegación del Gobierno contra la violencia de género) mostró que el 90 % de las víctimas son mujeres y el 98,2 % de los agresores sexuales. En esta misma encuesta, se mostró que el 17,3 % de las mujeres habían sufrido acoso sexual en el entorno laboral.

En relación con el acoso por razón de sexo, también es considerado un tipo de violencia machista, porque se basa en la socialización de género, y en los roles y estereotipos de género que perpetúan las desigualdades y la estructura patriarcal.

 APLICACIÓN PRÁCTICA

Fernanda, extrabajadora de Igualitas Clave S. L., fue víctima de acoso sexual por parte de su superior, Javier. Durante varios meses la piropeó, le hizo comentarios obscenos, primero a solas y luego delante de clientes, la rozaba al pasar y le acabó proponiendo que se dejase tocar los pechos si quería librar el fin de semana. ¿De qué tipo de acosos estaríamos hablando?

Continúa en página siguiente >>

<< Viene de página anterior

Solución

Es un acoso de intercambio porque es un chantaje sexual y es vertical descendente porque es de un superior a una de las trabajadoras que está por debajo de él jerárquicamente.

---

5. Cuantificación de las consecuencias

☞ **HILO CONDUCTOR**

Las consecuencias del acoso sexual y por razón de sexo son devastadoras a todos los niveles. Por ejemplo, María, desde su puesto de persona de referencia en Igualitas Clave, S. L, atendió el caso de David, que estaba sufriendo acoso por razón de sexo por parte de su superior y sus compañeros. Desde hacía unos meses se había reducido la jornada por paternidad y su superior, empezó a darle los peores horarios, difundió mentiras y bulos para poner a sus compañeros en su contra. Además, no le deja acceder ni a las formaciones, ni a la base de datos ni al coche de empresa.

Como consecuencia de ello David lleva meses sintiendo ansiedad, estrés. Se siente totalmente desmotivado y ha acabado cogiendo una baja laboral.

Las consecuencias derivadas del acoso sexual y por razón de sexo son múltiples y variadas. Repercuten en la víctima, en las/los compañeras/os de trabajo, la organización de la empresa y el contexto sociofamiliar. Es imprescindible que las empresas tengan entre personal a personas capacitadas para detectar el acoso, y que pueda realizar un acompañamiento y apoyo en las víctimas, para así minimizar las consecuencias del acoso sexual y/o por razón de sexo.

5.1. Personales, laborales y sociales

Las consecuencias del acoso sexual y por razón de sexo en el ámbito laboral afectan a la víctima a varios niveles.

A nivel personal, se manifiestan trastornos psicológicos y físicos, que pueden llevar a un estrés grave y crónico y a una baja laboral. En relación con ello, las consecuencias laborales afectan tanto a la víctima como a la empresa, ya que provocan que baje su productividad y que su absentismo aumente. Finalmente, en relación con las consecuencias sociales, estas se basan en la dificultad de mantener y establecer nuevas relaciones sociales, debido a las consecuencias psicológicas sufridas.

En el siguiente esquema podrás ver las diferentes manifestaciones, dependiendo del tipo de consecuencias derivadas del acoso sexual y por razón de sexo:

➲ **Personales:**

- Depresión y ansiedad.
- Inseguridad y baja autoestima.
- Miedo y culpa.
- Vergüenza y confusión.
- Dolor de estómago, náuseas y dolores de cabeza.
- Insomnio.
- Disminución del sistema inmune.

➲ **Laborales**

- Estrés y absentismo laboral.
- Reducción del rendimiento en las tareas y descenso de la motivación.
- Aceptación del acoso por miedo a las represalias.

➲ **Sociales**

- Alteración de los vínculos sociales con otras personas.
- Problemas para relacionarse y aislamiento social.
- Modificación del comportamiento con amistades y familiares.

6. Análisis del marco normativo

☞ HILO CONDUCTOR

El cumplimiento del marco normativo y sobre todo la inclusión de las novedades legislativas están haciendo que María, la persona de referencia en materia de igualdad y acoso sexual y por razón de sexo en Igualitas Clave, S. L., se pase los días muy ocupada. Para poder cumplir con la legislación, como empresa de más de 50 trabajadoras/es ahora está trabajando, junto a una consultoría, en la elaboración de un plan de igualdad y en la creación de un canal de denuncias interno. Así mismo, está revisando toda la documentación de la empresa para que tenga un carácter no sexista.

En este apartado vamos a realizar una aproximación al marco normativo en materia de acoso sexual y acoso por razón de sexo. Por un lado, la distinta normativa nacional donde se regulan los acosos y las medidas que deben desarrollar las empresas. Por otro lado, la normativa internacional y nacional sobre las distintas violencias machistas y las herramientas que se deben llevar a cabo para erradicarla.

El acoso sexual y el acoso por razón de sexo se han regulado en distintas normativas a nivel nacional: por un lado, se regula en las normativas referentes a la promoción de la igualdad entre mujeres y hombres; por otro lado, ambos acosos se incluyen en las distintas normativas laborales, como el riesgo de sufrir violencia sexual.

Así, podemos distinguir la siguiente normativa:

- **Ley Orgánica 3/2007, de 22 de marzo, para la igualdad efectiva de mujeres y hombres.** En el artículo 7.1 y 7.2 se define qué es el acoso sexual y el acoso por razón de sexo. En el artículo 48.1 y 48.2 se establece la obligatoriedad de proteger a las trabajadoras/es de situaciones de acoso sexual y por razón de sexo.
- **Estatuto de los Trabajadores y Estatuto Básico del Empleado Público.** Ambos consideran el acoso sexual y el acoso por razón de sexo una infracción muy grave que puede llegar a ser causa de despido para la persona acosadora.
- **Real Decreto Legislativo 5/2000, de 4 agosto, por el que se aprueba el texto de la Ley sobre Infracciones y Sanciones del Orden Social.** En el artículo 8, reconoce el acoso sexual y el acoso por razón de sexo como

una infracción muy grave. En el artículo 40, hace referencia a multas para la empresa.

○ **Ley Orgánica 10/1995, de 23 de noviembre, del Código Penal.** En el artículo 158 se establece el acoso sexual como delito que puede acarrear prisión y multa, considerando, además, la superioridad laboral o jerárquica, y la vulnerabilidad por edad, situación o enfermedad, como agravantes.

○ **Real Decreto-Ley 6/2019, de 1 de marzo, de medidas urgentes para la garantía de la igualdad de trato y de oportunidades entre mujeres y hombres en el empleo y la ocupación.** Añade la obligación de tener plan de seguridad para las empresas de 50 o más empleados/as, así como la obligatoriedad de inscripción del plan en el Registro de Planes de Igualdad de empresas de la Dirección General de Trabajo.

○ **Real Decreto 901/2020, de 13 de octubre, pro el que se regulan los planes de igualdad y su registro y se modifica el Real Decreto 713/2010, de 28 de mayo, sobre registro y depósito de convenios y acuerdos colectivos de trabajo.** Añade la obligación de establecer medidas dirigidas a evitar cualquier tipo de discriminación entre mujeres y hombres, y promover condiciones de trabajo que eviten el acoso sexual y por razón de sexo. También, la necesidad de crear de forma obligada procedimientos específicos para prevenir e intervenir en caso de acoso sexual y por razón de sexo.

○ **Ley Orgánica 10/2022, de 6 de septiembre, de garantía integral de la libertad sexual.** Amplia el concepto de violencia sexual.

6.1. Regulación jurídica de las diferentes manifestaciones de la violencia hacia las mujeres

La violencia contra las mujeres se ha regulado en las últimas décadas a nivel internacional, europeo, nacional y autonómico. Estas normativas buscan que este tipo de violencia sea reconocida como **violencias estructurales surgidas de la desigualdad de poder de mujeres y hombres,** y proponen estrategias y herramientas para erradicar la violencia y empoderar a las mujeres y niñas.

Podemos distinguir las siguientes normativas:

○ **Recomendación General n.° 19, del Comité para la Eliminación de la Discriminación contra la Mujer (CEDAW).** Fue la primera normativa a nivel universal que se refirió a la violencia contra las mujeres como forma de discriminación desproporcionada y dirigida a las mujeres por su condición de mujer. Ha sido y es la base para la mayoría de normativas internacionales, europeas y estatales.

- **Convenio del Consejo de Europa sobre la prevención y lucha contra la violencia contra las mujeres y la violencia doméstica (2011).** Describe las distintas violencias contra las mujeres, incluyendo: la violencia doméstica, el acoso sexual, la violación, los matrimonios forzosos, los crímenes cometidos supuestamente en nombre del honor y las mutilaciones genitales.
- **Convención interamericana para prevenir, sancionar y erradicar la violencia contra la mujer (1994).** Más conocida como Convención de Belem do Para, incluye en su artículo 2 lo que se entenderá por violencia contra las mujeres, considerando que podrá ser física, sexual y psicológica, y perpetrada dentro de la familia o unidad doméstica o cualquier relación interpersonal, en la comunidad o la perpetrada o tolerada por el Estado o sus agentes.
- **Ley Orgánica 1/2004, de 28 de diciembre, de Medidas de Protección Integral contra la Violencia de Género.** Esta ley española surge a raíz de las recomendaciones de los organismos internacionales para intentar dar una respuesta global a la violencia de género.
- **Pacto de Estado contra la Violencia de Género.** Se aprobó en 2017 e incluye medidas en todos los ámbitos. Consta de un total de 292 medidas distribuidas en 10 ejes de acción, con el objetivo de sensibilizar e intervenir ante la violencia de género.

 **VÍDEO**

Puedes ver un vídeo donde se analiza la Ley de Libertad Sexual en un minuto accediendo desde aquí:

https://redirectoronline.com/ctrh00020104

6.2. Salud laboral

La protección de la salud y seguridad en el trabajo es una obligatoriedad de las empresas. La Organización Internacional del Trabajo (OIT) indica específicamente que el acoso sexual es un problema de seguridad y salud en el entorno laboral, por lo que, por un lado, debe incluirse en la evaluación de riesgos (PRL), el riesgo a sufrir violencia sexual, y por otro lado, deben llevarse a cabo todas las medidas preventivas necesarias.

 PARA SABER MÁS

Puedes encontrar un ejemplo de cómo incluir el riesgo a sufrir violencia sexual en la evaluación de riesgos. En este caso, se trata de una metodología utilizada por la Universidad de Zaragoza. Accede desde aquí para consultarlo:

https://redirectoronline.com/ctrh00020105

6.3. Protección de datos

Es muy relevante tener en cuenta que, según el Informe AEPD 149-2019, los datos personales relativos a las víctimas de acoso sexual y acoso por razón de sexo tienen la consideración de categorías especiales de datos, considerando que necesitan una protección reforzada por ser datos sensibles.

Así, para dar cumplimiento a la Ley de Protección de Datos, las empresas están obligadas a adoptar estrategias y medidas exhaustivas de protección de los datos personas de las víctimas de acoso y de las personas acosadoras. Por ejemplo, las empresas de más de 50 empleados/as deben tener un canal de denuncias obligatorio.

 **PARA SABER MÁS**

Puedes consultar la Ley de Protección de Datos accediendo desde aquí:

https://redirectoronline.com/ctrh0020107

Finalmente, el protocolo de acoso sexual y por razón de sexo debe detallar las medidas que tomará la empresa para proteger los datos durante los procedimientos.

 EJEMPLO

En la empresa de María, Igualitas Clave S. L., hay 53 trabajadores/as por lo que, hasta 2019, no se plantearon crear un plan de igualdad, porque hasta entonces era obligatorio para las empresas de más de 250 trabajadores/as. Desde ese momento, María fue designada persona de referencia y se ha llevado a cabo el plan de igualdad, la elaboración de los protocolos de acoso sexual y por razón de sexo, se ha revisado todo el material de la empresa para que tenga un lenguaje no sexista, se ha establecido un procedimiento de denuncia interna y se realizan anualmente auditorías salariales.

7. Resumen

La desigualdad entre mujeres y hombres es estructural y sistémica. Es necesario trabajar desde una perspectiva de género, entendida como una herramienta que busca conocer, identificar y combatir las diferencias entre mujeres y hombres, para así ir reduciendo la desigualdad, discriminación y exclusión de las mujeres.

Esta desigualdad estructural parte del patriarcado y el machismo, que consideran a los hombres superiores a las mujeres. Se transmite de forma intergeneracional a través de la socialización diferencial de género, los estereotipos y roles de género, y la división sexual del trabajo. Estas desigualdades de poder se traducen en violencias machistas, destacando en el ámbito laboral el acoso sexual y el acoso por razón de sexo.

Acoso sexual
- Tiene una naturaleza y un fin sexuales.
- Se crea un entorno intimidatorio, degradante u ofensivo.
- Pueden ser conductas verbales, no verbales o físicas.
- Un tipo de acoso sexual sería el acoso por intercambio, es decir, el chantaje sexual.

Acoso por razón de sexo
- Se basa en el sexo de la persona acosada.
- Las acciones pueden ir destinadas a las mujeres por el hecho de serlo.
- Pueden ir destinadas a hombres y mujeres cuando se acogen a algún derecho de conciliación.
- Buscan humillar y ridiculizar a una persona por hacer tareas tradicionalmente asignadas al otro sexo.

Consecuencias
- Pueden ser laborales, sociales o personales.

En este sentido, existe un gran número de normativa internacional y nacional que regula tanto la violencia contra las mujeres en general como el acoso sexual y por razón de sexo, específicamente. Entre ellas destaca:

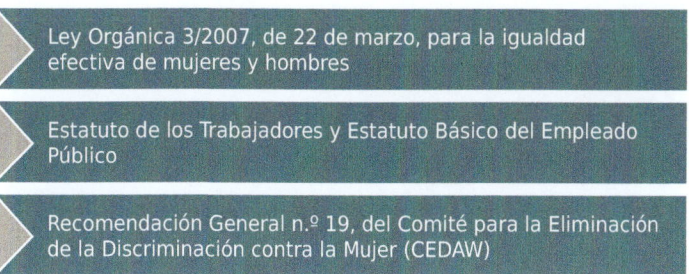

Ley Orgánica 3/2007, de 22 de marzo, para la igualdad efectiva de mujeres y hombres

Estatuto de los Trabajadores y Estatuto Básico del Empleado Público

Recomendación General n.º 19, del Comité para la Eliminación de la Discriminación contra la Mujer (CEDAW)

Continúa en página siguiente >>

<< Viene de página anterior

Ley Orgánica 10/1995, de 23 de noviembre, del Código Penal

Real Decreto-Ley 6/2019, de 1 de marzo, de medidas urgentes para la garantía de la igualdad de trato y de oportunidades entre mujeres y hombres en el empleo y la ocupación

Convenio del Consejo de Europa sobre la prevención y lucha contra la violencia contra las mujeres y la violencia doméstica (2011)

Ley Orgánica 10/2022, de 6 de septiembre, de garantía integral de la libertad sexual

Ejercicios de autoevaluación
Unidad de Aprendizaje 1

1. La discriminación indirecta...

    a. ... es dar un trato diferenciado basado en un motivo aparentemente "neutro".

    b. ... es dar un trato desigual a una persona por su sexo, sus creencias políticas, su origen, etc.

    c. ... se da cuando las mujeres están sobrerrepresentadas en actividades vinculadas a las tareas habitualmente femeninas basadas en la división sexual del trabajo.

    d. ... se produce cuando las personas de determinado sexo o raza no pueden acceder a los puestos más altos de las empresas.

2. Indica en cuál de los siguientes conceptos no se materializa la socialización diferencial de género:

    a. Estereotipos de género

    b. Roles de género

    c. Igualdad de oportunidades

    d. Esfera privada y esfera pública

3. Señala cuál de los siguientes datos de la investigación sobre acoso sexual y acoso por razón de sexo en España de 2021 no es correcto.

    a. 7 de cada 10 de las mujeres víctimas no comunicaron a la empresa que estaban siendo acosadas.

    b. El 35 % no se dirigió a la representación legal de los trabajadores/as.

    c. El 61,9 % de ellas no lo comunicó a la empresa por temor a las represalias.

    d. 8 de cada 10 de las mujeres encuestadas señaló haberse sentido discriminada en el trabajo.

4. Determina si la siguiente oración es verdadera o falsa: "Cuando el objetivo del acoso es humillar y ridiculizar a una persona por asumir tareas que tradicionalmente ha asumido el otro sexo, hablamos de acoso por razón de sexo".

- ■ Verdadero
- ■ Falso

5. Dentro del acoso sexual, hacer un comentario sexual sería:

    a. Una conducta física
    b. Una conducta verbal
    c. Una conducta no verbal
    d. Todas las opciones son incorrectas.

6. ¿Cuál de las siguientes es una tipología de acoso por razón de sexo?

    a. Actuaciones que afectan a la salud física y psicológica de la persona.
    b. Es una acción que busca aislar a la persona.
    c. Es un ataque a su vida privada y reputación.
    d. Todas las opciones son correctas.

7. Determina si la siguiente oración es verdadera o falsa: "El acoso vertical ascendente es ejercido por un cargo superior sobre una o más personas trabajadoras".

- ■ Verdadero
- ■ Falso

8. ¿Cuál fue la primera normativa a nivel universal que se refirió a la violencia contra las mujeres como forma de discriminación desproporcionada y dirigida a las mujeres por su condición de mujer?

    a. Convenio del Consejo de Europa sobre la prevención y lucha contra la violencia contra las mujeres y la violencia doméstica
    b. Recomendación General n.° 19 del Comité para la Eliminación de la Discriminación contra la Mujer (CEDAW)

    c. Convención Interamericana para prevenir, sancionar y erradicar la violencia contra la mujer

    d. Todas las opciones son incorrectas.

9. **De la normativa siguiente, ¿cuál añade la obligación de tener un plan de igualdad para empresas de 50 o más trabajadores/as?**

    a. Real Decreto-Ley 6/2019, de 1 de marzo, de medidas urgentes para la garantía de la igualdad de trato y de oportunidades entre mujeres y hombres en el empleo y la ocupación.

    b. Real Decreto 901/2020, de 13 de octubre, por el que se regulan los planes de igualdad y su registro y se modifica el Real Decreto 713/2010, de 28 de mayo, sobre registro y depósito de convenios y acuerdos colectivos de trabajo.

    c. Ley Orgánica 3/2007, de 22 de marzo, para la igualdad efectiva de mujeres y hombres.

    d. Real Decreto Legislativo 5/2000, de 4 de agosto, por el que se aprueba el texto refundido de la Ley sobre Infracciones y Sanciones del Orden Social.

10. **Determina si la siguiente oración es verdadera o falsa: "Según la Organización Internacional del Trabajo (OIT), el riesgo de sufrir violencia sexual se debe incluir en la evaluación de riesgos (PRL)":**

    ■ Verdadero
    ■ Falso

Herramientas para la búsqueda de empleo

Contenido

1. Introducción
2. Descripción de las herramientas para la prevención del acoso
3. Identificación de los actores implicados
4. Definición del plan de igualdad y el protocolo de acoso
5. Enumeración de las medidas preventivas
6. Resumen

Objetivos

El objetivo general de esta Unidad de Aprendizaje es:

→ Evitar la victimización secundaria de las mujeres y establecer medias que impidan la reproducción o perpetuación de los estereotipos sobre las mujeres y la violencia machista.

Los objetivos específicos de esta Unidad de Aprendizaje son:

→ Conocer las funciones de la persona de referencia.

→ Aplicar las medidas preventivas del acoso sexual y acoso por razón de sexo.

1. Introducción

El acoso sexual y el acoso por razón de sexo surgen de las **desigualdades estructurales** de poder entre mujeres y hombres.

Las empresas deben desarrollar estrategias y herramientas para minimizar estas desigualdades y prevenir el acoso. Las herramientas más utilizadas son los **planes de igualdad** y los **protocolos de acoso sexual y acoso por razón de sexo.**

Para poder aplicar correctamente los protocolos de acoso sexual y por razón de sexo, debe existir una **persona de referencia,** que será la encargada de acompañar durante todo el proceso de denuncia interna a la persona agredida.

Es clave también el papel desarrollado por el resto de actores implicados en la implementación del protocolo y la importancia de la organización del trabajo en la prevención del acoso.

Es esencial conocer las **medidas preventivas** concretas, como por ejemplo la formación de las y los trabajadores, la tolerancia cero ante el acoso o la difusión de las distintas medidas que lleva a cabo la empresa.

Para ello, nos basaremos en el caso de María, persona de referencia de la empresa Igualitas Clave S. L., y que en las últimas semanas se está encargando de llevar a cabo las distintas medidas preventivas del acoso sexual y acoso por razón de sexo.

2. Descripción de las herramientas para la prevención del acoso

 HILO CONDUCTOR

En la empresa de María, Igualitas Clave S. L., han aprobado hace poco el protocolo para la prevención del acoso sexual y el acoso por razón de sexo. María ha sido designada como persona de referencia: por un lado, lleva bastante tiempo en la empresa y conoce la organización interna; por otro lado, tiene un postgrado en igualdad de género.

Las empresas deben desarrollar herramientas para prevenir el acoso sexual y por razón de sexo. Estas herramientas son, por un lado, la propia **elaboración del protocolo de acoso,** pero también otras como la **formación continua y especializada** a sus trabajadores y trabajadoras, la tolerancia cero a cualquier comportamiento que atente contra la dignidad de una persona o medidas de sensibilización, como la realización de campañas. Además, es muy relevante el papel de la persona de referencia en materia de acoso sexual y por razón de sexo, debido a que ella deberá velar por el cumplimiento y realización de las medidas preventivas.

2.1. El protocolo de la persona de referencia

El protocolo de prevención y abordaje del acoso sexual y por razón de sexo es un documento que establece los **procedimientos de actuación** de una determinada empresa cuando ocurran casos de acoso sexual y por razón de sexo.

Asimismo, se debe incluir una **persona de referencia,** que será la persona capacitada y formada en igualdad de género, que deberá informar, asesorar y acompañar en todo el proceso a la persona agredida.

Es necesario que la persona de referencia cumpla con los siguientes requisitos:

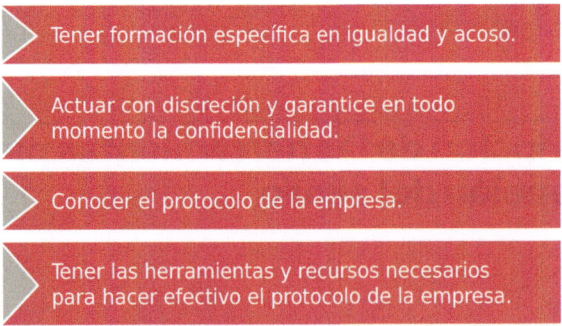

Tener formación específica en igualdad y acoso.

Actuar con discreción y garantice en todo momento la confidencialidad.

Conocer el protocolo de la empresa.

Tener las herramientas y recursos necesarios para hacer efectivo el protocolo de la empresa.

2.2. Funciones de la persona de referencia

La persona de referencia, como experta en la materia, tiene distintas funciones en la empresa, sobre todo en el momento que se interpone una denuncia interna.

Así, sus principales funciones serían:

- **Recibir las comunicaciones.** Por la persona afecta o por un testigo de la conducta de acoso.
- **Informar y asesorar a las personas afectadas.** Sobre sus derechos, las obligaciones y responsabilidad de la empresa, los recursos a los que puede acceder y el procedimiento del protocolo.
- **Acompañar a la persona afectada durante todo el proceso.** La persona de referencia debe apoyar y acompañar a la persona afecta durante todo el proceso de denuncia interna, desde la comunicación hasta que finalice.
- **Dar apoyo en la redacción de la denuncia.** En el caso de que la persona afecta decida poner una denuncia interna, la persona de referencia, si así lo solicita la persona afectada, dará apoyo en la redacción.
- **Garantizar el cierre de la fase de comunicación.** En el caso de que la persona afecta decida no presentar denuncia, si la persona de referencia considera que puede existir el acoso, lo debe poner en conocimiento de la dirección de la empresa, para que la empresa adopte las medidas preventivas oportunas. En cambio, si no hay pruebas de que exista el acoso, se debe cerrar el caso.
- **Proponer, si es necesario, medidas cautelares y/o preventivas a la dirección de la empresa.** Durante el procedimiento puede sugerir medidas cautelares a la empresa. Por ejemplo, cambio de horario, cambio de puesto, permiso retribuido, etc.
- **Gestionar la documentación.** Durante la fase de comunicación y asesoramiento la persona de referencia es la encargada de custodiar la documentación, procurando siempre la confidencialidad.
- **Participar en la fase de investigación.** Se recomienda siempre que la persona de referencia se incorpore a la comisión de investigación de la denuncia.
- **Participar en las acciones de prevención, formación, sensibilización y difusión.** Se sugiere que la persona de referencia participe o gestione las distintas acciones de prevención, formación, sensibilización y difusión, debido a que debe tener experiencia y formación en igualdad.
- **Participación en el seguimiento y evaluación del protocolo.** Se aconseja que la persona de referencia participe en el seguimiento y evaluación del protocolo, asistiendo a las distintas reuniones y aportando datos y su experiencia.

NOTA

La persona de referencia debe trabajar siempre basándose en unos principios de actuación: respeto, protección, confidencialidad, diligencia y celeridad, además de informar a la persona agredida de sus derechos, protegerla ante posibles represalias y tratarla siempre de forma justa.

APLICACIÓN PRÁCTICA

Carlos ha acudido a María como persona de referencia en situaciones de acoso por razón de sexo. Carlos le ha expuesto su caso a María y quiere que le ayude en los distintos pasos que debe seguir para interponer la denuncia. ¿Cuál de las siguientes no es una función de María?

- **Ayudar a Carlos en la redacción de la denuncia.**
- **Informar a Carlos de sus derechos.**
- **Realizar una mediación entre Carlos y el presunto acosador.**
- **Acompañar a Carlos durante todo el proceso.**

Solución

La mediación siempre debe llevarse a cabo por un o una profesional mediadora; además, debe estar estipulado en el protocolo que se puede realizar la mediación. Asimismo, es importante saber que la mediación es voluntaria. Para poder realizar un acto de mediación debe existir una igualdad entre las partes.

3. Identificación de los actores implicados

 HILO CONDUCTOR

Las últimas semanas en Igualitas Clave S. L., han sido muy intensas, ya que María, como persona de referencia, ha tenido que negociar con la dirección de

Continúa en página siguiente >>

<< Viene de página anterior

la empresa y la representación legal de las personas Trabajadoras las distintas medidas que van a desarrollarse para prevenir el acoso sexual y el acoso por razón de sexo en la empresa. Ahora ya han llegado a un acuerdo. Entre esas medidas destacan: una formación semestral sobre violencias machistas, algunas específicas de acoso sexual y acoso por razón de sexo, y otras más generales. También se realizarán distintas campañas de sensibilización y se creará un decálogo de tolerancia cero hacia el acoso que se colgará en todas las salas de la oficina.

La persona de referencia es fundamental durante todo el proceso de elaboración e implementación del protocolo; no obstante, hay otros actores implicados en ello. Además, es muy importante diferenciar en la elaboración e implementación del protocolo las empresas que tienen plan de igualdad de las que no lo tienen, debido a que hay diferencias en relación con la negociación, entrada en vigor, seguimiento, revisión y evaluación.

3.1. Quién se ocupa de qué

El trabajo de los distintos actores implicados en la elaboración e implementación del protocolo de acoso es esencial.

Los principales actores y sus funciones son los siguientes:

1. **Comisión negociadora.** Las empresas con planes de igualdad negociarán las medidas para prevenir el acoso sexual y el acoso por razón de sexo dentro de la negociación del propio plan de igualdad.
2. **Representantes Legales de los trabajadores/as.** Las empresas sin plan de igualdad deben negociar el protocolo con la representación legal de las personas trabajadoras o la representación sindical.
   La RLT debe negociar, también, con la empresa, las medidas de prevención, formación y sensibilización en materia de acoso sexual y acoso por razón de sexo.
3. **Personas trabajadoras.** Las personas que trabajan en la empresa tienen la obligación de tratar a las demás personas con respeto y colaborar con la empresa cuando exista una denuncia interna por acoso
   Se recomienda que muestren una actitud de tolerancia cero hacia el acoso.

4. **Dirección de la empresa.** Debe garantizar la salud laboral de las y los trabajadores, y promover un entorno laboral que evite el acoso.
Arbitrar procedimientos específicos para la prevención del acoso, por ejemplo, a través de medidas preventivas.
En los casos de denuncia interna por acoso sexual o acoso por razón de sexo, debe emitir la resolución y tomar las medidas cautelares y definitivas que correspondan.

5. **Comisión de investigación.** Cuando la persona afectada decide interponer la denuncia interna, la comisión de investigación debe investigar la denuncia y emitir un informe vinculante sobre la existencia o no de acoso y hacer recomendaciones sobre las medidas e intervenciones necesarias.

 **VÍDEO**

Puedes ver un vídeo donde se explica la importancia de trabajar la prevención del acoso sexual y el acoso por razón de sexo a través de la negociación colectiva y cómo ha evolucionado esta negociación en los últimos años. Para verlo accede desde aquí:

https://redirectoronline.com/ctrh00020201

3.2. Dónde puedes ir a pedir ayuda

Es realmente importante que las personas trabajadoras de las empresas sepan dónde acudir si sufren acoso sexual o acoso por razón de sexo. En un gran número de ocasiones existen los recursos, pero no se difunden y, por tanto, las personas no saben dónde acudir.

En este sentido, en el protocolo de acoso sexual y acoso por razón de sexo se debe recoger dónde pueden ir a pedir ayuda las personas agredidas. Así, podemos destacar los siguientes:

Dentro de la empresa	Fuera de la empresa
- Si eres víctima de acoso sexual y/o acoso por razón de sexo, puedes acudir a la persona de referencia en materia de acoso, a la técnica o agente de igualdad (en el caso de que exista esta figura en tu empresa) y a la representación legal de las personas trabajadoras.	- Puedes llamar a la línea de atención contra la violencia machista. - Puedes llamar al Servicio de Información y Asesoramiento. - Para interponer una queja sobre la discriminación que estás sufriendo en la empresa, ante el Instituto de las Mujeres puedes escribir a: buzonquejas@inmujeres.es.

 PARA SABER MÁS

Puedes interponer una denuncia formal ante la Inspección de Trabajo y la Seguridad Social si eres víctima de acoso sexual y/o acoso por razón de sexo. Obtén toda la información accediendo desde aquí:

https://redirectoronline.com/ctrh00020202

 ACTIVIDAD COMPLEMENTARIA

2. Busca un mínimo de dos recursos a los que pueda acceder una víctima de acoso sexual y/o acoso por razón de sexo en tu comunidad autónoma.

4. Definición del plan de igualdad y el protocolo de acoso

 **HILO CONDUCTOR**

En Igualitas Clave, S. L. ha habido una denuncia interna por un caso de acoso sexual. María, como persona de referencia, se ha sumado al equipo de investigación para así poder aportar su experiencia y proponer las medidas cautelares necesarias. Durante la investigación, tanto ella como sus compañeras/os de la comisión de investigación, al entrevistar a los y las posibles testigos, se han dado cuenta de que hay un clima de miedo y desconfianza, lo que ha hecho que la mayoría de las y los testigos no hayan querido colaborar, por miedo a las represalias.

- -

Los planes de igualdad y los protocolos de actuación en casos de acoso sexual y acoso por razón de sexo son los instrumentos idóneos para combatir cualquier discriminación por razón de sexo. Los **planes de igualdad** son un conjunto de medidas evaluables que buscan la consecución de la igualdad efectiva de mujeres y hombres, y por tanto eliminar la discriminación y desigualdad en las empresas. En la actualidad, el plan de igualdad es obligatorio para las empresas de más de 50 trabajadoras/es.

El **protocolo de acoso sexual y acoso por razón de sexo** es un documento que establece cómo se debe actuar en casos de acoso sexual y por razón de sexo, y qué medidas cautelares y reactivas se deben tomar. Este protocolo es obligatorio independientemente del número de personas trabajadoras que tenga la empresa.

✎ **DEFINICIÓN**

Medidas preventivas
Son aquellas que se llevan a cabo antes de que haya tenido lugar un hecho de acoso sexual y/o por razón de sexo.

Continúa en página siguiente >>

<< Viene de página anterior

Medidas reactivas

Son aquellas que ejecuta la organización una vez se ha producido el acoso y se encuentran recogida en el correspondiente protocolo.

Medidas cautelares

También se encuentran recogidas en el protocolo y se aplican durante el periodo de investigación del hecho de acoso.

4.1. El acoso

La incidencia del acoso está íntimamente relacionada con determinados factores del entorno laboral y de la organización del trabajo; además, en ocasiones puede adoptar formas sutiles difíciles de detectar.

Es importante prestar atención a distintos indicios que puedan indicar que se está produciendo una situación de acoso sexual o acoso por razón de sexo en algún departamento de la empresa. Algunos podrían ser los siguientes:

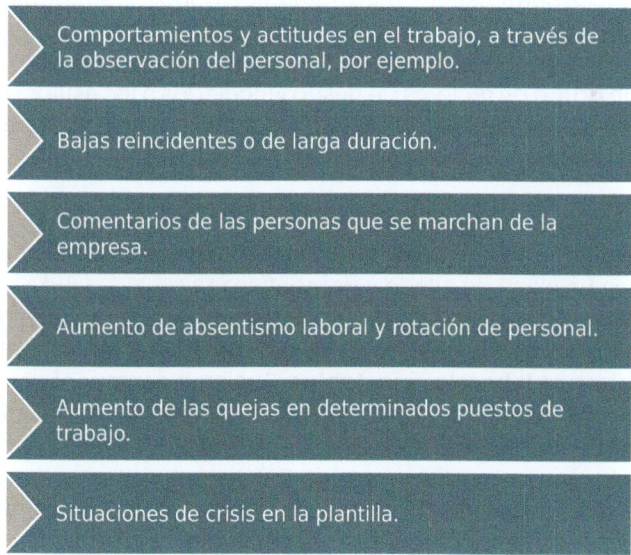

Comportamientos y actitudes en el trabajo, a través de la observación del personal, por ejemplo.

Bajas reincidentes o de larga duración.

Comentarios de las personas que se marchan de la empresa.

Aumento de absentismo laboral y rotación de personal.

Aumento de las quejas en determinados puestos de trabajo.

Situaciones de crisis en la plantilla.

 **VÍDEO**

Puedes ver un vídeo sobre una campaña de sensibilización del Ministerio de Igualdad frente al acoso sexual en la empresa accediendo desde aquí:

https://redirectoronline.com/ctrh00020205

4.2. La organización del trabajo

La organización del trabajo y algunos estilos de gestión pueden generar desigualdades y exponer a las personas trabajadoras a determinados factores de riesgos, especialmente psicosociales, por lo que es necesario establecer herramientas e instrumentos donde el enfoque de género sea transversal.

Hay un grupo de factores de riesgo vinculados a los estilos de gestión y que afectan de forma directa a la organización del trabajo. Podemos destacar los siguientes:

- **Estilo de gestión autoritario.** Un estilo de gestión que favorece el autoritarismo suele ir acompañado de intolerancia y discriminación, lo que crea un clima de miedo y desconfianza.
- **Estructuras de poder jerarquizadas.** Estas estructuras de poder hacen que no haya equidad en las promociones, contrataciones, salarios, etc.
- **Entornos laborales inestables.** Suelen ir acompañados de situaciones de precariedad, lo que hace que las personas trabajadoras se sientan especialmente vulnerables.
- **Entornos poco profesionales.** Por ejemplo, puestos de trabajo poco definidos o incertidumbre constante sobre las tareas que realizar.
- **Entornos de inestabilidad organizativa.** Por ejemplo, cuando hay cambio de titularidad en la empresa o cambios organizativos.

5. Enumeración de las medidas preventivas

☞ HILO CONDUCTOR

María, como persona de referencia en acoso sexual y acoso por razón de sexo en su empresa, está negociando las distintas medidas preventivas para llevar a cabo. En este sentido, al ser una empresa de más de 50 empleadas/os, han incluido el protocolo de actuación ante el acoso sexual y el acoso por razón de sexo en el plan de igualdad y están gestionando las medidas de forma conjunta. Por ahora, han formado al conjunto de empleados de la empresa en acoso sexual y acoso por razón de sexo y en el contenido del protocolo. Así mismo, han formado a las personas que tienen un cargo de responsabilidad en detección del acoso sexual y acoso por razón de sexo.

Intervenir correctamente ante los casos de acoso sexual y por razón de sexo es muy importante. No obstante, es todavía más relevante llevar a cabo medidas para que este acoso no llegue a existir o, por lo menos, se minimice. Estas medidas preventivas tienen distinta índole y pueden ir desde mostrar un compromiso firme de rechazo hacia las agresiones hasta realizar formaciones sobre acoso sexual y por razón de sexo para sensibilizar a la plantilla.

5.1. Tolerancia cero

En el ámbito laboral, una de las formas más efectivas de materializar la prevención del acoso es adquirir un compromiso firme de tolerancia cero. Para adoptar este compromiso firme de tolerancia cero, la empresa debe:

1. Comprometerse firmemente con la igualdad entre mujeres y hombres.
2. No tolerar ningún comportamiento que ataque la libertad, dignidad e integridad de las trabajadoras/es y resto de personas vinculadas a la empresa.
3. Adoptar medidas para evitar la discriminación por razón de sexo en la relación laboral. Por ejemplo, realizar auditorías retributivas periódicas para evitar la brecha salarial.
4. Aplicar el protocolo de acoso sexual y por razón de sexo, y crear entornos seguros para sus trabajadoras/es.
5. Velar por la seguridad y salud de las personas que trabajan en la empresa.

6. Aplicar una política preventiva para prevenir y proteger contra el acoso sexual y el acoso por razón de sexo.
7. Facilitar información y formación a las personas que trabajan en la empresa sobre igualdad y acoso sexual y acoso por razón de sexo.
8. Aplicar las medidas cautelares y definitivas necesarias en los casos de acoso.
9. Tener modelos de denuncia interna garantiza la confidencialidad, la protección de datos y la celeridad durante el procedimiento de investigación de un caso de acoso.

5.2. Sensibilización y formación

La sensibilización, formación e información son consideradas estrategias básicas para prevenir el acoso sexual y el acoso por razón de sexo. Además, en estas estrategias se trabaja que todo el personal asuma su responsabilidad.

Los objetivos de estas acciones son los siguientes:

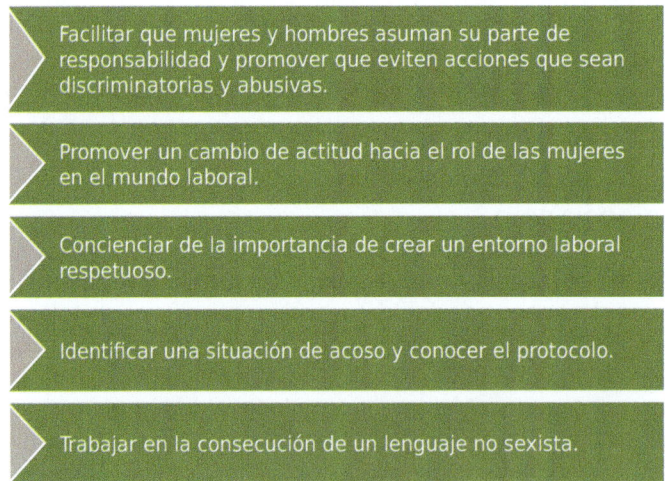

Se pueden llevar a cabo un gran número de acciones específicas de sensibilización, formación e información, por ejemplo:

➲ Organizar campañas de sensibilización e información sobre el acoso sexual y el acoso por razón de sexo.

➲ Difundir el protocolo de acoso, utilizando los canales habituales de comunicación.

➲ Formar tanto a las personas directivas como al conjunto de la plantilla y a las personas con responsabilidades directas en el protocolo.

➲ Realizar cursos sobre acoso sexual y acoso por razón de sexo de forma general. Así como, violencias machistas.

➲ Formación específica para la detección preventiva de los casos de acoso a las y los trabajadores del área de recursos humanos.

5.3. Planes y medidas de igualdad

Los planes de igualdad contienen un conjunto de medidas que buscan paliar las desigualdades existentes entre mujeres y hombres en el ámbito laboral. Para ello, se basan en un diagnóstico de la situación de la empresa, donde determinan las deficiencias que tiene en materia de igualdad y elaboran las medidas pertinentes.

Estas medidas se aplican en distintas áreas de la empresa, como por ejemplo, las siguientes:

➲ **Procesos de selección.** Es imprescindible formar al Departamento de Recursos Humanos en materia de igualdad y garantizar que la selección de personal se realice con procedimientos equitativos e igualitarios, que eviten la discriminación de género.

➲ **Modalidades de contratación y tipos de jornada.** Es importante, por un lado, garantizar la igualdad en las modalidades de contratación y, por otro lado, fomentar la contratación indefinida y los contratos a tiempo completo.

➲ **Clasificación y promoción profesional.** Se deben valorar los puestos de trabajo a partir de criterios no discriminatorios, además de fomentar la promoción profesional de las mujeres, basándose siempre en criterios de igualdad.

➲ **Tiempo de trabajo y conciliación.** Promover medidas que faciliten la conciliación familiar y profesional, e incentivar a los hombres a acogerse a dichas medidas.

➲ **Condiciones salariales.** Garantizar la equidad salarial, evitando la brecha salarial que sigue afectando a las mujeres. También, debe existir una transparencia en el sistema retributivo, por lo que es necesario realizar auditorías retributivas. Además, es importante establecer medidas retributivas para apoyar la conciliación de la vida personal y profesional.

➲ **Extinción del contrato.** Establecer medidas para evitar la pérdida de personal femenino.

⮑ **Prevención del acoso sexual y por razón de sexo.** El artículo 45 de la LOIEMH señala que las actuaciones para prevenir y actuar frente al acoso se deben tener en cuenta en los planes y medidas de igualdad de las empresas.

5.4. Riesgos psicosociales

Como se ha visto, la empresa debe promover un entorno laboral que evite el caso de acoso, por tanto, deberá garantizar la salud de sus personas trabajadoras (art. 16 de la Ley 31/1995, de Prevención de Riesgos Laborales). Una de las formas de conseguirlo es a través de la evaluación de riesgos laborales, que debe incluir los de carácter psicosocial.

Esta evaluación es multifactorial y debe tener en cuenta la organización del trabajo y el entorno social. Asimismo, la evaluación de riesgos psicosociales en la empresa debe incluir la violencia sexual como un riesgo laboral más.

 PARA SABER MÁS

El Gobierno de España pone de forma gratuita un programa de evaluación de factores psicosociales (FPSICO) creado por el Instituto Nacional de Seguridad y Salud en el Trabajo. Puedes consultarlo accediendo desde aquí:

https://redirectoronline.com/ctrh00020204

 **TAREA 2**

En la empresa donde trabajas (Igualitas Clave, S. L.) sois una plantilla de 80 personas, 45 % mujeres y 55 % hombres. Hace unas semanas te nombraron persona de referencia en materia de acoso sexual y acoso por razón de sexo. Comentándolo con tus compañeras, el 70 % de ellas afirmaron que habían sufrido acoso sexual por parte de los compañeros.

Las conductas que te indican tus compañeras que han sufrido son:

- Comentarios obscenos y proposiciones sexuales, como por ejemplo: "Si vinierais a trabajar en falda, tendríamos mayor productividad" o "Si quieres entrar una hora más tarde a trabajar, ven y te explico cómo ganártelo".
- Una de las compañeras, lleva semanas recibiendo burlas acerca de su físico, debido a que ha cogido unos kilos y actualmente tiene sobrepeso.
- Durante tres días seguidos estuvieron difundiendo rumores sexuales sobre una compañera.
- Uno de los compañeros siempre se acerca a abrazarlas y darle besos. Ellas se niegan pero él sigue insistiendo.

Así que decides comunicar esta información a la dirección de la empresa (preservando la confidencialidad de tus compañeras) y te insta a proponer mínimo tres medidas concretas para impulsar la prevención del acoso sexual entre la plantilla.

6. Resumen

El **protocolo de acoso sexual y acoso por razón de sexo** es una herramienta básica, junto al **plan de igualdad,** para prevenir el acoso en el ámbito laboral.

No obstante, hay otros elementos que son cruciales para prevenir el acoso y combatir la desigualdad estructural entre mujeres y hombres:

Además, la **persona de referencia** en materia de acoso será la encargada de velar en la empresa de que se lleven a cabo las distintas medidas preventivas, y además, de acompañar y asesorar a la persona afectada por el acoso durante todo el proceso.

Ejercicios de autoevaluación
Unidad de Aprendizaje 2

1. ¿Cuál de las siguientes no es una función de la persona de referencia?

    a. Recibir las denuncias internas.
    b. Acompañar a la persona afectada en todo el proceso.
    c. Dar apoyo a la redacción de la denuncia.
    d. Informar y asesorar a las personas afectadas.

2. 2. ¿Quién debe garantizar la salud laboral de las personas trabajadoras y promover un entorno laboral que evite el acoso?

    a. La representación legal de las personas trabajadoras
    b. La dirección de la empresa
    c. La comisión de investigación
    d. La propia plantilla

3. Determina si la siguiente oración es verdadera o falsa: "Los planes de igualdad son un conjunto de medidas evaluables que buscan la consecución de la igualdad efectiva de mujeres y hombres, y por tanto, eliminar la discriminación y desigualdad en las empresas".

    ■ Verdadero
    ■ Falso

4. Los planes de igualdad son obligatorios en las empresas...

    a. ... de más de 100 trabajadores/as.
    b. ... de más de 50 trabajadoras/as.
    c. ... siempre son obligatorios.
    d. ... son siempre voluntarios.

5. Determina si la siguiente oración es verdadera o falsa: "Las medidas cautelares son aquellas que se llevan a cabo antes de que haya tenido lugar un hecho de acoso sexual y/o por razón de sexo".

    ■ Verdadero
    ■ Falso

6. ¿Cuál de los siguientes es un indicio que puede indicar que se está produciendo una situación de acoso en la empresa?

    a. Bajas de larga duración.
    b. Aumento de absentismo laboral.
    c. Aumento de quejas en determinados puestos.
    d. Todas las opciones son correctas.

7. Determina si la siguiente oración es verdadera o falsa: "Un estilo autoritario suele ir acompañado de discriminación e intolerancia, y suele crear un clima de desconfianza y miedo".

    ■ Verdadero
    ■ Falso

8. ¿Cuál de los siguientes no es un objetivo de la estrategia de sensibilización y formación?

    a. Promover un cambio de actitud hacia el rol de las mujeres en el mundo laboral.
    b. Trabajar en reproducir un lenguaje con el masculino genérico.
    c. Concienciar de la importancia de crear un entorno laboral respetuoso.
    d. Identificar una situación de acoso y conocer el protocolo.

9. Señala la afirmación incorrecta de las siguientes medidas de los planes de igualdad:

    a. Se debe fomentar la promoción profesional de las mujeres.
    b. Fomentar la contratación indefinida y a tiempo parcial.
    c. Promover medidas que faciliten la conciliación profesional y familiar.
    d. Es importante realizar auditorías retributivas.

10. Determina si la siguiente oración es verdadera o falsa: "La evaluación de riesgos psicosociales en la empresa no debe incluir la violencia sexual como un riesgo laboral más".

    ■ Verdadero
    ■ Falso

Comunicación efectiva y red de recursos existentes y derivaciones

Contenido

1. Introducción
2. Análisis de una comunicación efectiva
3. Aplicación de la escucha activa
4. Descripción de cómo relacionarse con los actores implicados en el proceso
5. Clasificación de los recursos existentes
6. Ejecución de las herramientas y espacios de autocuidado
7. Resumen

Objetivos

El objetivo general de esta Unidad de Aprendizaje es:

→ Profundizar en la dinámica y particularidades del acoso sexual y el acoso por razón de sexo.

Los objetivos específicos de esta Unidad de Aprendizaje son:

→ Identificar los distintos recursos y sistemas de derivación para las víctimas de acoso sexual y acoso por razón de sexo.

→ Intervenir desde la comunicación efectiva, la empatía, la escucha activa y la asertividad.

→ Atender a las demandas específicas de las víctimas.

1. Introducción

La persona de referencia debe tener la capacidad de generar **confianza y seguridad.** Debe saber transmitir y acompañar a la persona afectada durante todo el proceso.

Para atender e intervenir con las personas implicadas, especialmente con la persona que interpone la denuncia, es necesario conocer las herramientas y estrategias de la **comunicación efectiva,** trabajar desde la empatía, la **asertividad** y la **escucha activa,** para así realizar un buen acompañamiento y asesoramiento.

Asimismo, es necesario que la persona de referencia conozca los **recursos,** tanto generalistas como especializados, disponibles para las víctimas de violencia, debido a que en ocasiones será necesario realizar una **derivación** a ellos.

La atención e intervención con las víctimas del acoso sexual y acoso por razón de sexo es muy importante, y debe hacerse siempre desde la protección a la intimidad y confidencialidad de la persona.

Durante toda la unidad, veremos el caso de María, de Igualitas Clave S. L., que como persona de referencia ha empezado a implementar cambios en su empresa, así como a atender a las primeras personas que han decidido poner una denuncia interna por acoso sexual y/o por acoso por razón de sexo.

2. Análisis de una comunicación efectiva

 HILO CONDUCTOR

La comunicación es muy importante para poder resolver de forma adecuada los conflictos que van surgiendo en el día a día en las empresas. María, como persona de referencia en los casos de acoso sexual y acoso por razón de sexo, ha recibido una formación sobre habilidades sociales, en la que se ha hecho hincapié en cómo tener una comunicación efectiva con el resto de trabajadoras/es. Así, la va a aplicar en las próximas semanas en la entrevista que tiene que realizar a la primera persona que ha comunicado un caso de acoso por razón de sexo en la empresa.

Comunicar es entrar en contacto con otra persona, es un acto donde queremos hacer partícipe a la otra persona de lo que sabemos.

Los elementos de la comunicación son:

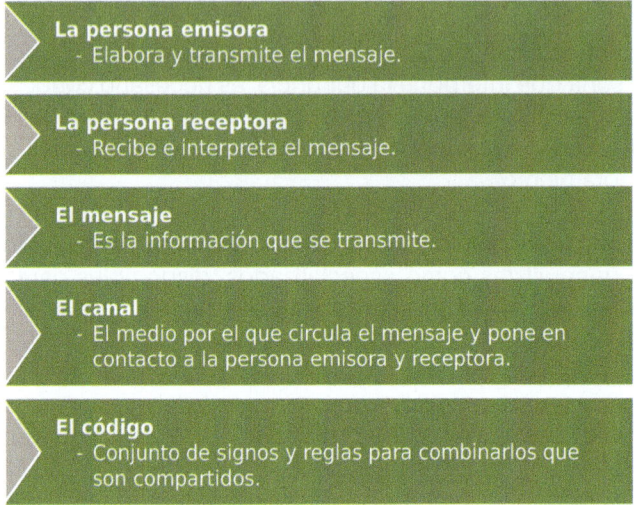

La persona emisora
- Elabora y transmite el mensaje.

La persona receptora
- Recibe e interpreta el mensaje.

El mensaje
- Es la información que se transmite.

El canal
- El medio por el que circula el mensaje y pone en contacto a la persona emisora y receptora.

El código
- Conjunto de signos y reglas para combinarlos que son compartidos.

La **comunicación efectiva** es el proceso de compartir los conocimientos, pensamientos e información de la forma más comprensible para la persona receptora del mensaje. Para que una comunicación se considere efectiva debe basarse en la **escucha activa,** la **empatía** y la **asertividad.**

2.1. Red de recursos existentes

En la actualidad existen un gran número de recursos disponibles para las víctimas de violencia contra las mujeres, algunos más generalistas y otros especializados. Además, algunos son solo para las mujeres víctimas de violencia de género y otros van destinados a las víctimas de violencia machista en general.

Los recursos se dividen mayoritariamente en los siguientes:

⊃ **Recursos económicos.** Hacen referencia a distintas ayudas económicas tanto de pago único como de pago regular, con el objetivo de ayudar a las mujeres a salir de las situaciones de violencia. La mayoría son gestionadas por las comunidades autónomas, aunque también hay algunas estatales o municipales. Asimismo, en la mayoría de casos van destinadas a las víctimas de violencia de género. Un ejemplo sería la renta activa de inserción estatal, que tiene unas condiciones distintas cuando eres víctima de violencia.

⮞ **Recursos asistenciales.** Los recursos asistenciales hacen referencia a los recursos de atención e intervención con las víctimas. Estos recursos pueden ser de atención psicológica (ejemplo: oficinas de atención a la víctima), pueden ser los servicios sociales (gestionados por los municipios), los servicios de información a mujeres (como el PIAD en Barcelona) o los puntos de información para personas del colectivo LGTBI.

⮞ **Recursos jurídicos.** Los recursos jurídicos pueden ser internos o externos, es decir, la persona de referencia puede derivar al servicio jurídico de la empresa a la persona afecta o en el caso de ser un recurso externo, los servicios sociales y las oficinas de atención a la víctima también ofrecen asistencia jurídica. Además, en el ámbito laboral también se puede acceder a los recursos de la Organización Internacional del Trabajo y los sindicatos como UGT o CC. OO.

⮞ **Recursos sanitarios.** En el caso de existir lesiones físicas, se puede acudir a cualquier centro de salud como víctima de violencia machista para que se realice una revisión médica y se emita un informe con las lesiones.

⮞ **Otros recursos.** Si la persona que sufre violencia llama al 016, que es el número estatal contra el maltrato, se le ofrecerá asistencia psicológica, económica, jurídica e información acerca de los recursos cercanos a los que puede acceder.

2.2. Sistemas de derivación

La persona de referencia debe conocer tanto los recursos con los que cuenta la empresa como los recursos externos, que pueden ser del ayuntamiento, de la diputación o de la comunidad autónoma, entre otros.

Cada uno tendrá una forma de derivación, es decir, el sistema será distinto.

Cuando hablamos de **recursos dentro de la empresa,** por ejemplo, la derivación al departamento jurídico de la empresa y/o a la representación legal y/o sindical de las personas trabajadoras, lo realizará la persona de referencia a través de los canales establecidos por la empresa. Por ejemplo, a través de correo electrónico, telefónico o presencial (siempre con la autorización de la persona afecta de compartir sus datos).

Cuando la **derivación sea externa,** el proceso también dependerá del tipo de recurso al que se quiera derivar a la persona. Por un lado, se le puede ofrecer los datos de contacto del servicio y que ella misma se ponga en contacto; por otro, con su autorización, ser la persona de referencia quien contacte con el servicio. Si por ejemplo hablamos con algún sindicato, es recomendable que sea la persona de referencia quien contacte primero para derivar el caso.

 PARA SABER MÁS

Puedes ampliar información acerca de las funciones de los sindicatos y la actuación que deben llevar a cabo las delegadas y delegados ante un caso de acoso sexual y/o acoso por razón de sexo, para ello accede desde aquí:

https://redirectoronline.com/ctrh00020301

3. Aplicación de la escucha activa

 HILO CONDUCTOR

En las últimas semanas, en Igualitas Clave S. L. han sido puestas en conocimiento de la persona de referencia, María, distintas situaciones, tanto de acoso sexual como de acoso por razón de sexo. Por ello mismo, para poder atender e intervenir de la mejor forma posible, María ha solicitado a la dirección que le dejen habilitar un despacho apartado donde pueda entrevistar a las personas sin interrupciones, dándoles seguridad y confianza durante toda la entrevista. Esta propuesta ha sido aprobada por la dirección y María está pudiendo realizar las entrevistas preservando la intimidad y confidencialidad de las personas afectadas.

La **escucha activa** es una de las habilidades más relevantes en el proceso de comunicación. Al aplicar la escucha activa no solo escuchamos lo que la persona está expresando, sino también las ideas, sentimientos o pensamientos que subyacen a lo que está explicando.

Para poder llevar a cabo una correcta y provechosa escucha activa en las entrevistas, es necesario tener en cuenta los siguientes elementos y recursos:

⮕ **Elementos que facilitan la escucha activa**

○ Disposición psicológica: la persona se debe preparar interiormente para escuchar.
○ Observar al otro: es importante identificar el contenido de lo que dice, pero también sus objetivos y sentimientos.
○ Expresar a la otra persona que la escuchas con comunicación verbal y no verbal.

⮕ **Elementos a evitar en la escucha activa**

○ Distraerse
○ Interrumpir al que habla
○ Juzgar
○ Ofrecer soluciones prematuras
○ Rechazar sus sentimientos y emociones
○ Caer en el "síndrome del experto/a", que es creer que tienes la solución a los problemas de la otra persona sin que te los haya acabado de contar.

⮕ **Recursos a utilizar**

○ Connotar positivamente: reconocer verbalmente los aspectos positivos de las personas, no perdiendo de vista la neutralidad.
○ Resumir: es una síntesis de la información recibida y la persona que habla puede corregir o matizar el resumen.
○ Parafrasear: decir con las propias palabras lo que parece que acaba de decir la otra persona, como dicho de otra manera.
○ Clarificar: examinar si se ha entendido correctamente, indagando sobre los puntos oscuros del discurso de la otra persona.
○ Preguntar: interrogación que busca que la otra persona responda lo que sabe o interpreta de la situación.

 **VÍDEO**

Puedes profundizar más sobre la escucha activa y la empatía con la visualización de un vídeo al que puedes acceder desde aquí:

https://redirectoronline.com/ctrh00020302

3.1. Herramientas para la entrevista

Cuando realizamos la entrevista con la persona afectada es muy importante trabajar desde una comunicación efectiva, desde la **empatía,** la **asertividad** y la **escucha activa.** Además, se deben tener en cuenta sus **necesidades** y su **protección.** A continuación, se comparten algunas pautas para realizar correctamente la entrevista:

⮞ **Atención a las personas**

- ☺ Trabajar siempre desde la escucha activa y proactiva.
- ☺ Informar de forma clara a la persona de sus derechos, de los recursos a los que puede acceder y de las vías existentes para la resolución del conflicto.
- ☺ Es importante no crear falsas expectativas en relación con los recursos y la resolución del conflicto.
- ☺ Ofrecer una atención integral, respetando sus ritmos y teniendo en cuenta la diversidad. Se debe acompañar a la persona de forma personalizada, comprendiendo su demanda y valorando sus expectativas.
- ☺ Ser paciente y flexible. No imponer un ritmo estricto, ya que se busca crear un clima de confianza. No emitir juicios ni reproducir estereotipos y prejuicios.
- ☺ Transmitir que las reacciones que tiene son normales.

- ◑ No utilizar frases hechas.
- ◑ Respetar su autonomía en la toma de decisiones, la función es acompañar.

➲ **Entorno y espacio de atención**

- ◑ Ofrecer un espacio adecuado donde la persona se sienta protegida, no haya interrupciones y pueda preservarse la confidencialidad.
- ◑ Facilitar un espacio no visible para terceras personas y donde no se pueda encontrar con el presunto agresor.

 APLICACIÓN PRÁCTICA

Carla ha acudido a María como persona de referencia para comunicarle que está sufriendo acoso sexual por parte de unos compañeros, que llevan semanas persiguiéndola, arrinconándola y haciendo comentarios obscenos. Durante la entrevista Carla se desborda y llora durante un buen rato, casi no puede articular palabra. ¿Qué no debería hacer María?

Solución

La utilización de frases hechas hace que la otra persona sienta que no se la está escuchando de forma activa y empática, que no se están teniendo en cuenta sus necesidades específicas y personalizando su caso. La persona afectada siente que la persona que la entrevista está siguiendo un guion sin tener en cuenta sus especificidades.

- -

3.2. Asertividad

Otra de las técnicas principales para una comunicación efectiva es la **asertividad,** que sería cuando exponemos nuestro punto de vista en un conflicto, pero sin provocar una actitud defensiva en la otra parte.

Cuando estamos ante un conflicto, existen tres estilos básicos en la conducta interpersonal (Quiñónez y Moyano, 2019):

Estilo pasivo	Estilo agresivo
- La persona deja de lado sus propias opiniones, sentimientos y derechos, anteponiendo a las demás personas. - Evita el conflicto porque no quiere pasar un momento desagradable.	- No se tienen en cuenta los sentimientos de las otras personas. Hay agresión, pelea, insultos y amenazas. - La persona defiende y antepone sus opiniones y derechos ante cualquier otra persona de forma deshonesta, ofensiva y manipulativa.

Estilo asertivo
- Consiguen su objetivo sin hacer daño a las otras personas. Existe respeto a sí mismas, pero también al resto de personas que las rodean. - La conducta asertiva implica expresar los sentimientos, pensamientos y necesidades propias, respetando los derechos de las otras personas.

 EJEMPLO

Existen un gran número de técnicas para trabajar la asertividad. Una de las más utilizadas es la denominada técnica del disco rayado, que consiste en repetir el punto de vista propio, una y otra vez, pero siempre con tranquilidad, sin entrar en provocaciones.

 ACTIVIDAD COMPLEMENTARIA

3. Busca un mínimo de dos herramientas que ayuden a poner en práctica la asertividad cuando realizamos una entrevista.

3.3. Comunicación para la resolución de conflictos

Los conflictos han sido definidos desde distintas esferas y puntos de vista dispares. Una posible definición es considerar el conflicto un proceso cognitivo-emocional donde las dos partes perciben que tienen metas incompatibles dentro de su relación y quieren resolver sus desavenencias (Redorta, 2004). Para la resolución de los conflictos las partes deben participar de forma activa, teniendo en cuenta sus intereses y expectativas.

Encontramos tres tipos de estrategias de comunicación que se pueden utilizar para la gestión de los conflictos: **GANAR-PERDER, PERDER-PERDER, GANAR-GANAR.**

Ello desemboca en cuatro posibles resultados:

- **Yo gano, tú pierdes.** Es el escenario que casi siempre surge en nuestra mente, hay un/a vencedor/a (nosotras/os) y un/a vencido/a (ellos/as). La persona vencedora consigue el resultado que quiere y la otra parte sale perjudicada en sus intereses y necesidades.
- **Yo pierdo, tú ganas.** El mismo caso que el anterior pero intercambiando los papeles de vencedores/as y vencidos/as.
- **Todos/as perdemos.** Puede suceder que ni una parte ni la otra acabe venciendo. Es decir, la solución alcanzada no beneficia a ninguna de las partes.
- **Todas/os ganamos.** No se suele visualizar como la forma más habitual de resolver un conflicto, sería donde las oportunidades son más elevadas para ambas partes, donde hay más empatía y satisfacción.

La estrategia **GANAR-GANAR,** que sería el resultado donde **Todos/as ganamos,** es la más útil para la resolución de conflictos.

3.4. Estrategias para la resolución de conflictos

Algunas estrategias para realizar una buena comunicación para la resolución de conflictos y terminar en el escenario de **Todos/as ganamos** son:

> Crear un espacio y un entorno adecuados.

> Encontrarse en un estado emocional adecuado.

Continúa en página siguiente >>

<< Viene de página anterior

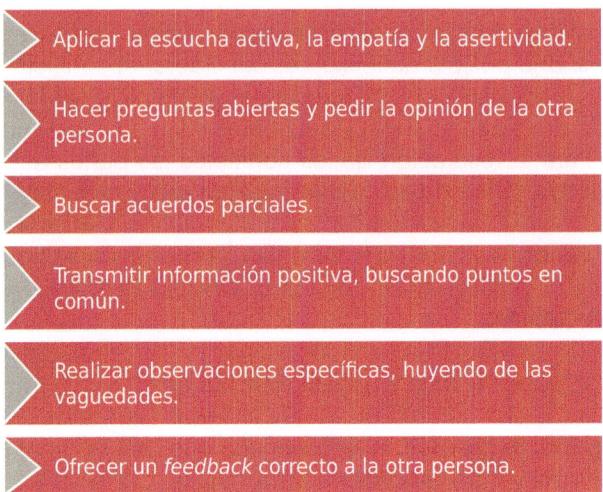

Aplicar la escucha activa, la empatía y la asertividad.

Hacer preguntas abiertas y pedir la opinión de la otra persona.

Buscar acuerdos parciales.

Transmitir información positiva, buscando puntos en común.

Realizar observaciones específicas, huyendo de las vaguedades.

Ofrecer un *feedback* correcto a la otra persona.

 ## VÍDEO

Puedes ver un vídeo de una charla sobre la comunicación efectiva, sobre su importancia y cómo llevarla a cabo, incluyendo ejemplos prácticos accediendo desde aquí:

https://redirectoronline.com/ctrh00020303

4. Descripción de cómo relacionarse con los actores implicados en el proceso

☞ **HILO CONDUCTOR**

En Igualitas Clave S. L. se ha filtrado entre la plantilla que ha habido una denuncia interna por un caso de acoso sexual. La plantilla está muy nerviosa y quiere saber de quién se trata, por lo que se acercan varias personas a exigirle a María que les cuente todo lo que ha pasado, ya que necesitan saber quién ha sido, tanto víctima como presunto acosador, para así protegerse. María ha reunido a las personas allí presentes para indicarles que se deben respetar los principios rectores del protocolo de acoso sexual y acoso por razón de sexo, que es muy importante respetar la confidencialidad e intimidad de las personas en todo el proceso y que, por ello, solo las personas implicadas en alguna de las fases del proceso conocerán parte de los detalles.

Tiene especial relevancia que la persona de referencia entienda y sepa cómo debe relacionarse con los distintos actores implicados en el proceso de denuncia, cómo debe ser su trato hacia la víctima y también cómo manejar la información ante el resto de compañeros/as. En este sentido, la persona de referencia debe tener muy clara la información que transmitir, cuáles son sus funciones y, por tanto, debe saber gestionar la información de la forma más efectiva posible.

4.1. Acompañamiento a personas afectadas

Una de las funciones clave de la persona de referencia es el acompañamiento durante todo el proceso a la persona afectada, es decir, desde el momento de la comunicación hasta el cierre del proceso.

Durante la entrevista que se realiza a la persona afecta es importante hacer hincapié en este acompañamiento. En un primer momento, durante la presentación es crucial explicar las funciones de la persona de referencia, refiriendo a la función de asesoramiento y acompañamiento en todo momento.

Una vez escuchado el caso, en el momento de comunicar e informar a la persona de las opciones y acciones que puede emprender. Se debe insistir en que, si decide presentar la denuncia, se la apoyará y acompañará durante todo el proceso.

Finalmente, en el cierre de la entrevista se reiterará el acompañamiento y apoyo en todo el proceso.

Además, la persona de referencia deberá acompañar a la persona afectada en la expresión y aclaración de la situación vivida. Deberá transmitir sus necesidades y tener la capacidad de generarle confianza y seguridad.

 PARA SABER MÁS

El proceso de acompañamiento y asesoramiento a las personas que han sido víctimas de acoso sexual y acoso por razón de sexo puede llevar un desgaste emocional de la persona que acompaña. Por ello, es muy importante, como se ha visto con anterioridad, que tenga formación específica en violencia e igualdad, y también que lleve a cabo estrategias de autocuidado.

En esta línea, en Instituto Canario de Igualdad, en 2020, publicó un manual de autocuidado para personal que trabaja con víctimas de violencia donde se incluyen distintos ejercicios y herramientas, para trabajar no solo en el autocuidado, sino también en la autoestima y el autoconcepto.

Si lo deseas puedes consultarlo accediendo desde aquí:

https://redirectoronline.com/ctrh00020304

4.2. La gestión de la información frente al resto de la plantilla

El proceso de denuncia debe ser confidencial, respetando la dignidad e intimidad de las personas. La persona de referencia es la encargada de la gestión de la documentación e información que se genera en la fase de comunicación y asesoramiento, y deberá velar por que esta información y documentación no trascienda y sea confidencial.

La información de los casos debe ser solo conocida y, dependiendo del papel que desarrollen, por las personas que intervienen en las distintas fases del protocolo.

 PARA SABER MÁS

En Instituto de las Mujeres publicó en 2021 un manual de referencia para la elaboración del protocolo de acoso sexual y acoso por razón de sexo. En él, entre otros, se recogen los principios rectores que deben tener los protocolos de acoso sexual y acoso por razón de sexo. El segundo principio dice así: *Confidencialidad y respeto a la intimidad y dignidad de las personas afectadas.*

Consulta este protocolo accediendo desde aquí:

https://redirectoronline.com/ctrh00020305

5. Clasificación de los recursos existentes

 HILO CONDUCTOR

María ha estado entrevistando a Francisca, que ha decidido denunciar un caso de acoso sexual en la empresa donde trabajan. Francisca tiene claro que quiere denunciar de forma externa también, no solo interna, porque la persona que la

Continúa en página siguiente >>

<< Viene de página anterior

está acosando sexualmente en la empresa ha sido su pareja durante unos meses. Además, le ha comentado a María que se siente muy ansiosa, desesperada, no puede dormir por las noches y tiene muchas pesadillas, que se está planteando ir al médico y solicitar la baja.

Ante esta situación, María ha hecho una valoración de las necesidades y demandas de Francisca y la ha derivado a varios servicios: por un lado, al Servicio de Atención e Intervención para Mujeres Víctimas de Violencia, para que pueda solicitar ayuda psicológica; por otro lado, al Servicio de Asesoramiento Jurídico, para que puedan informarle y asesorarle sobre la interposición de una denuncia en el juzgado.

- -

Intervenir correctamente ante los casos de acoso sexual y por razón de sexo es muy importante; no obstante, es todavía más relevante llevar a cabo medidas para que este acoso no llegue a existir o, por lo menos, se minimice. Estas medidas preventivas tienen distinta índole: pueden ir desde mostrar un compromiso firme de rechazo hacia las agresiones a realizar formaciones sobre acoso sexual y por razón de sexo para sensibilizar a la plantilla.

5.1. Prospección y fuentes de información

Cuando se habla de prospección se refiere al análisis y búsqueda de oportunidades futuras, basándose en las fuentes de información y datos de las empresas. La persona de referencia debe tener una relación comunicativa con el Departamento de Recursos Humanos, colaborando de forma activa en la creación de fuentes de información, de ofertas de empleo, de documentación basada en un enfoque sensible al género, que promueva la igualdad de mujeres y hombres, y por lo tanto, sirva de prevención de la violencia contra las mujeres, concretamente del acoso sexual y acoso por razón de sexo.

Esta colaboración entre la persona de referencia y el Departamento de Recursos Humanos puede verse reflejada, por ejemplo, en la creación de materiales con lenguaje no sexista (o lenguaje incluyente). En este sentido, es importante que toda la documentación y las fuentes de información de la empresa estén redactadas en lenguaje no sexista, que no se visibilice a las mujeres y que siempre que se haga referencia a datos se desagreguen por sexo.

Otro ejemplo sería la creación de ofertas de empleo y el proceso de selección, que también debe realizarse desde una perspectiva de género. Para evitar los sesgos de género, por ejemplo, se deben evitar las preguntas de carácter personal, utilizar técnicas de selección neutras o crear formularios de selección del personal con criterios claros, objetivos y transparentes.

 PARA SABER MÁS

El Ministerio de Igualdad elaboró la siguiente guía para aplicar el lenguaje incluyente en las empresas. También creó una herramienta de apoyo para estos casos. Puedes consultar ambos recursos accediendo desde aquí:

Guía práctica de comunicación incluyente	Herramienta de apoyo n.º 2: "Acceso al empleo"

https://redirectoronline.com/ctrh00020306	*https://redirectoronline.com/ctrh0020307*

5.2. Conocimiento de los recursos

La persona de referencia debe conocer los recursos generales y específicos para las víctimas de acoso sexual y acoso por razón de sexo. Este conocimiento de los recursos, junto a una buena escucha activa y la valoración personalizada de las necesidades de cada caso, hará que se informe y derive a los recursos adecuados.

Es decir, en el momento de realizar la entrevista es muy importante tener en cuenta las necesidades y demandas de la persona, porque no sería correcto darle una lista de todos los recursos existentes, sino que se le debe informar y derivar a los que realmente van a ser útiles para la persona. Durante el proceso va a recibir mucha información. Por parte de la persona de referencia es imprescindible que reciba información clara, concisa y útil, que contribuya en minimizar los efectos de la revictimización.

 ## PARA SABER MÁS

Cada comunidad o ciudad autónoma cuenta con sus propios recursos, por lo que es interesante visitar la página web correspondiente para conocerlos y crear un listado propio de los recursos que pueden encajar con la persona afectada. Puedes acceder a algunos de ellos desde aquí:

Directorio de recursos para la información y asesoramiento en el ámbito de las violencias sexuales

https://redirectoronline.com/ctrh00020308

Servicios y recursos de atención en violencia machista

https://redirectoronline.com/ctrh00020309

Guía municipal de recursos en materia de violencia de género

https://redirectoronline.com/ctrh00020310

5.3. Derivación y gestión de las expectativas

Durante la entrevista que realicemos con la persona afectada, es importante hacer una valoración sobre si procede derivarla a otros servicios o recursos. Para ello, por un lado, es necesario conocer los servicios a los que se puede derivar a la persona y cuál es el procedimiento y forma de contacto con estos servicios.

Es fundamental valorar correctamente las necesidades de la persona y saber discernir entre la información pertinente y la que no lo es; es decir, no se debe informar ni derivar a la persona a todos los recursos existentes, sino a los que pueden cubrir sus necesidades específicas.

Asimismo, es especialmente relevante ser consciente de las limitaciones de los recursos existentes y, por tanto, no generar falsas expectativas en la otra persona. Se le debe trasladar la información, derivarla a los recursos correspondientes, pero sin generar falsas expectativas en torno a ellos.

Algunos servicios o recursos a los que se puede derivar a las personas que sufren acoso son:

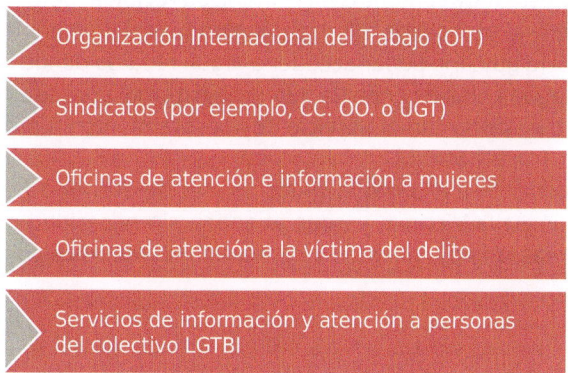

Organización Internacional del Trabajo (OIT)

Sindicatos (por ejemplo, CC. OO. o UGT)

Oficinas de atención e información a mujeres

Oficinas de atención a la víctima del delito

Servicios de información y atención a personas del colectivo LGTBI

 **EJEMPLO**

María ha entrevistado a Juan, que ha sido víctima de acoso por razón de sexo, y además pertenece al colectivo LGTBI. Una vez realizada la entrevista ha valorado que sería oportuno para él acudir al servicio de información y atención a

Continúa en página siguiente >>

<< Viene de página anterior

personas del colectivo LGTBI que hay en su ciudad, porque, entre otras cosas, podrían acompañarle en su recuperación psicológica, ya que el acoso sufrido ha provocado que Juan tenga miedo de mostrar públicamente su orientación sexual y también a asistir al trabajo, lo que provoca que coja una baja por ansiedad y depresión.

---

6. Ejecución de las herramientas y espacios de autocuidado

☞ HILO CONDUCTOR

María se está encargando de acompañar y asesorar a Francisca durante el proceso de denuncia interna. Francisca ya ha acudido al Servicio de Asesoramiento Jurídico y está muy contenta con la atención recibida, pero le indica a María que no quiere ir al servicio de información donde la derivó por motivos personales, aunque sí le gustaría poder acceder a algún recurso donde la atiendan, y sobre todo lo hagan antes de poner la denuncia externa, porque esa denuncia todavía la están barajando con el Servicio de Asesoramiento Jurídico.

María, volviendo a analizar la situación, decide derivar a Francisca a la Oficina de Atención a la Víctima, ya que atienden sin necesidad de denuncia previa, pueden realizar seguimientos y derivar al recurso psicológico más adecuado.

El Gobierno de España, las distintas comunidades autónomas y algunos sindicatos ponen distintos servicios y recursos de información e intervención para las mujeres que han sido víctimas de violencia contra las mujeres. Estos recursos son gratuitos y confidenciales. Pueden acceder a ellos las mujeres que han sido víctimas de cualquier tipo de violencia, incluyendo el acoso sexual y el acoso por razón de sexo. Asimismo, es importante tener espacios de autocuidado. En estos espacios la persona conecta con ella misma, se pone como prioridad y atiende a sus necesidades. Se debe tener en cuenta que el autocuidado es físico, social, mental y emocional.

 **PARA SABER MÁS**

La Dirección General de Conciliación y Cooperación Institucional para la Igualdad de Oportunidades publicó en abril de 2020, motivada por el confinamiento por la COVID-19, la *Guía de autocuidado para las mujeres que sostienen el mundo,* donde se busca potenciar los factores de protección de las mujeres y facilitar algunas medidas y herramientas para cuidar la salud mental y emocional desde un enfoque sensible al género. Accede desde aquí para consultarla:

https://redirectoronline.com/ctrh00020311

6.1. Línea de atención contra la violencia

El Gobierno de España pone a disposición de las víctimas de violencia contra las mujeres la línea 016. Pueden contactar también por correo electrónico (016-online@igualdad.gob.es), por chat *online* (violenciagenero.igualdad.gob.es) o por *WhatsApp* (600 000 016).

Este servicio contiene las siguientes características:

- ⮂ Gratuito
- ⮂ Confidencial
- ⮂ Accesible para personas con discapacidad auditiva y/o del habla y baja visión
- ⮂ Atención en 53 idiomas por teléfono
- ⮂ Atención por correo electrónico y chat en 7 idiomas
- ⮂ El servicio de información general es de 24 h de lunes a domingo.
- ⮂ El servicio de asesoramiento jurídico atiende de 8 a 22 h de lunes a domingo.
- ⮂ Atención psicosocial inmediata, 24 h de lunes a domingo
- ⮂ Atienden consultas procedentes de todo el territorio.

- Coordinación con los servicios similares existentes en las comunidades autónomas.
- Información sobre recursos y derechos de las víctimas en materia de empleo, servicios sociales, recursos de asistencia y acogida, ayudas económicas, etc.

6.2. Los servicios de Información

Los servicios de información a mujeres son servicios públicos y gratuitos que tienen como objetivo asesorar e informar a las mujeres sobre sus derechos y recursos, así como desarrollar e impulsar, en el ámbito local, programas y proyectos que favorezcan la igualdad entre mujeres y hombres. Estos servicios pueden estar gestionados por ayuntamientos, diputaciones, entidades externas, etc.

El Instituto de las Mujeres también cuenta con su servicio de información y asesoramiento gratuito, con el que se puede contactar *online* (inmujer@inmujeres.es) o por teléfono (900 191 010).

 PARA SABER MÁS

Comisiones Obreras (CC. OO.) ha puesto en marcha un Observatorio sobre acoso sexual y acoso por razón de sexo, donde se puede encontrar información acerca de ello y también el procedimiento de denuncia. Accede desde aquí para obtener más información:

https://redirectoronline.com/ctrh00020312

6.3. Atención a las mujeres

Tanto el Instituto de las Mujeres como los distintos ayuntamientos, diputaciones o consejos comarcales ponen a disposición de las mujeres servicios de atención e intervención.

Algunos de los recursos de atención más relevantes para las mujeres serían:

⮕ Recursos de atención urgente:

- ⟐ Se activan cuando las mujeres acceden al sistema.
- ⟐ Por ejemplo, a los Centros de Emergencia de las administraciones regionales se accede a través del 112.

⮕ Recursos de atención especializada:

- ⟐ Son muy amplios y dependen tanto de las comunidades autónomas como de los ayuntamientos.
- ⟐ Por ejemplo, los centros de acogida, servicios de información y atención a mujeres, los servicios de intervención especializada, los programas de atención psicológica y los servicios de asesoramiento jurídico.

⮕ Oficinas de atención a la víctima:

- ⟐ Servicio gratuito y público.
- ⟐ Atienden a víctimas directas e indirectas de todo tipo de delitos. Y dicha asistencia nunca estará condicionada a la denuncia previa.

 PARA SABER MÁS

Puedes encontrar un mapa de recursos de atención e información a mujeres víctimas de violencia por comunidades autónomas, accediendo desde aquí:

https://redirectoronline.com/ctrh00020313

TAREA 3

Amina es la limpiadora de las oficinas de Igualitas Clave S. L. En un momento libre se ha acercado a María a contarle que está siendo acosada sexualmente por uno de sus superiores. Amina le explica a María que tiene mucho miedo a denunciar por las posibles represalias, ya que necesita este trabajo para cuidar y mantener a sus cuatro hijos. También que la situación empezó de forma sutil, con piropos y comentarios al pasar, pero que ha llegado el punto que le ha propuesto un intercambio sexual para obtener así una subida de sueldo, puesto que sabe que Amina necesita el dinero. Otra de las preocupaciones de Amina es que ella todavía no tiene la residencia permanente, sino temporal, y tiene miedo a que al denunciar puedan retirarle la residencia y expulsarla del país. María informa a Amina de los derechos que tiene y de los distintos procedimientos que seguir, si se decidiera a denunciar. Además, hace una valoración de las necesidades y demandas de Amina, y la informa y deriva a los siguientes servicios. ¿A qué servicios derivarías a Amina? Sugiere mínimo dos y justifica tu respuesta.

7. Resumen

La persona de referencia es la encargada de **asesorar y acompañar** a las personas afectadas con un hecho de acoso sexual y/o acoso por razón de sexo.

Sus conocimientos en **igualdad y violencia contra las mujeres,** el conocer los distintos **recursos** a los que pueden acceder las víctimas, ofrecer una **atención integral** y un acompañamiento, ser **paciente, flexible** y no crear **falsas expectativas,** ayudará a que la atención recibida por la persona afectada sea positiva y minimice la **revictimización.**

Para que la atención a las personas afectadas sea adecuada se debe trabajar aplicando la **comunicación efectiva,** que se consigue a través de:

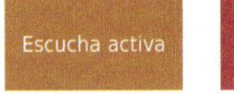 Escucha activa
 Empatía
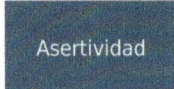 Asertividad

En relación con la red recursos existentes, es relevante que la persona de referencia analice cada caso en profundidad, entendiendo las demandas y **necesidades específicas** de cada persona y, por tanto, ofreciendo y derivando solo a los **recursos adecuados** para esa persona, evitando darle información de todos los recursos.

Estos recursos pueden ser de distintos tipos. Los más relevantes son:

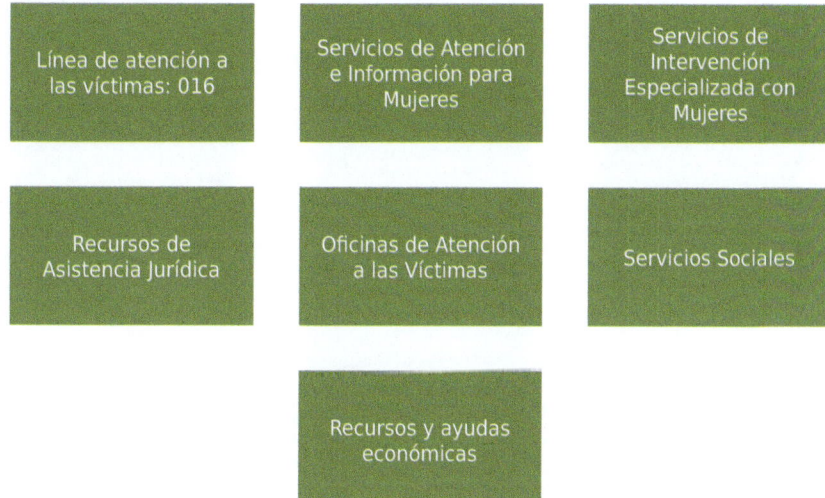

Ejercicios de autoevaluación
Unidad de Aprendizaje 3

1. **En la comunicación, cuando hablamos del medio por el que circula el mensaje, nos referimos:**

   a. Al canal
   b. Al mensaje
   c. Al código
   d. Todas las opciones son incorrectas.

2. **La red de recursos existente incluye:**

   a. Recursos sanitarios
   b. Recursos jurídicos
   c. Recursos asistenciales
   d. Todas las opciones son correctas.

3. **¿Cuál de las siguientes acciones debe evitarse en la escucha activa?**

   a. Expresar que estás escuchando en comunicación verbal y no verbal.
   b. Distraerse
   c. Ofrecer soluciones prematuras.
   d. Las opciones b y c son correctas.

4. **Determina si la siguiente oración es verdadera o falsa: "Cuando escuchamos de forma activa, no solo escuchamos lo que la persona está expresando, sino también las ideas, sentimientos o pensamientos que subyacen a lo que está explicando".**

   ■ Verdadero
   ■ Falso

5. **Señala cuál no sería una pauta a seguir en la entrevista con la persona acosada:**

   a. Informar de forma clara sobre sus derechos.
   b. Al ofrecerle los recursos poner muy altas las expectativas.

c. Ofrecer una atención integral.
d. Acompañar a la persona de forma personalizada.

6. En un estilo de comunicación pasivo:

a. La persona deja de lado sus opiniones, sentimientos y derechos.
b. Evita el conflicto porque no quiere pasar un momento desagradable.
c. Hay agresión, peleas e insultos.
d. Las opciones a y b son correctas.

7. Determina si la siguiente oración es verdadera o falsa: "La asertividad es cuando exponemos nuestro exponemos nuestro punto de vista en un conflicto, provocando una actitud defensiva en la otra parte".

■ Verdadero
■ Falso

8. ¿Cuál de las siguientes no es una buena estrategia para la resolución de conflictos?

a. Ofrecer un *feedback* correcto a la persona.
b. No buscar acuerdos parciales.
c. Crear un espacio y entorno adecuados.
d. Aplicar la escucha activa, empatía y asertividad.

9. El Gobierno de España pone a disposición de las víctimas de violencia contra las mujeres la línea 016. ¿Cuál de las siguientes no es una de sus características principales?

a. Es gratuita y confidencial.
b. Atienden en 53 idiomas.
c. Atienden a consultas de todo el territorio.
d. Todas las opciones son correctas.

10. Los recursos de atención urgente se activan cuando las mujeres acceden al sistema:

- Verdadero
- Falso

Contenido del protocolo

Contenido

1. Introducción
2. Resumen del protocolo
3. Identificación de las vías externas
4. Clasificación de la jurisdicción
5. Aplicación de casos prácticos
6. Resumen

Objetivos

El objetivo general de esta Unidad de Aprendizaje es:

→ Definir el contenido del protocolo, sus implicaciones, y cómo facilitar su implementación.

Los objetivos específicos de esta Unidad de Aprendizaje son:

→ Conocer las distintas vías de resolución de una situación de acoso sexual y/o acoso por razón de sexo.

→ Comprender en los principios y fases del protocolo.

→ Aplicar el protocolo de acoso sexual y acoso por razón de sexo.

1. Introducción

El protocolo de acoso sexual y acoso por razón de sexo es una medida de **prevención y actuación** de la empresa. Por un lado, el protocolo debe recoger las distintas medidas que llevará a cabo la empresa para sensibilizar, formar, informar y prevenir el acoso; por otro lado, debe recoger el procedimiento interno de resolución cuando sé dé un caso de acoso sexual o acoso por razón de sexo.

Por ello, a lo largo de esta unidad vamos a conocer las fases del **procedimiento interno,** qué principios se deben seguir, cómo se elaboran las denuncias, cómo debe ser la relación con las partes implicadas, y quién y cómo se elabora un informe vinculante.

También, conoceremos las **vías de resolución externa,** es decir, las vías administrativa y judicial.

Finalmente, veremos una serie de **puntos clave y recomendaciones** tanto para la elaboración e implementación del protocolo de acoso sexual y acoso por razón de sexo como para acompañar y asesorar de la forma más correcta y menos revictimizante posible.

Para ello, nos basaremos en el caso de la empresa Igualitas Clave S. L., que acaba de elaborar e implementar su protocolo de acoso sexual y acoso por razón de sexo, y ya ha empezado a recibir las primeras comunicaciones y denuncias.

2. Resumen del protocolo

 HILO CONDUCTOR

María, la persona de referencia de Igualitas Clave, S. L., ha entrevistado a Juan, que ha sido víctima de acoso por razón de sexo. Juan lleva unas semanas siendo ridiculizado en la empresa, sobre todo por su forma de hablar y de vestir. Finalmente ha decidido ponerlo en conocimiento de María. Ahora mismo toca redactar la denuncia interna, porque Juan está muy nervioso y le ha pedido ayuda a María para hacerlo. María le ha llevado a una sala tranquila, acogedora y segura donde nadie puede verlos ni molestarlos, ha validado las emociones

Continúa en página siguiente >>

[89]

<< Viene de página anterior

de Juan, le ha vuelto a explicar cómo debe ser la denuncia y las partes más importantes, y de paso, le ha vuelto a explicar todo el proceso. Así, entre los dos están redactando los hechos de los que ha sido víctima Juan.

La igualdad entre mujeres y hombres es un principio jurídico universal, por lo que las empresas deben trabajar para conseguirlo. Una de las formas de trabajar en la consecución de la igualdad y la no discriminación y opresión de las mujeres es a través de la creación e implementación del protocolo de acoso sexual y acoso por razón de sexo.

El **protocolo de acoso sexual y acoso por razón de sexo** es una herramienta donde se definen los procedimientos que seguir en el caso de que exista un caso de acoso en la empresa. Asimismo, incluye los principios desde los cuales se debe trabajar, las actuaciones necesarias, cómo debe ser el proceso de actuación y elaboración del informe, así como las partes esenciales de la denuncia interna.

2.1. Fases y vías de resolución

En los casos de acoso sexual y acoso por razón de sexo hay dos vías de resolución: vía interna y vía externa.

Las **vías de resolución externas** son la administrativa y judicial.

Las **vías de resolución interna** se producen dentro de la misma empresa, con los objetivos de determinar un procedimiento claro y conciso, y de ofrecer a la persona afectada el asesoramiento, acompañamiento y recursos necesarios.

Las fases de la vía interna serían las siguientes:

⮕ **Fase 1. Comunicación y asesoramiento.** Esta fase da inicio al proceso interno. La persona afectada o un/a testigo pone en conocimiento de la persona de referencia un posible caso de acoso sexual o acoso por razón de sexo.
Esta comunicación debe realizarse una vez han transcurrido los hechos, lo más pronto posible, para poder paliar los efectos emocionales que tiene el acoso. Esta comunicación se podrá realizar a través de correo

electrónico, conversación o por escrito, dependiendo de los canales de denuncia que establezca el protocolo.
En esta fase puede haber tres resultados distintos:

- La persona afectada decide presentar la denuncia, por lo que la persona de referencia debe ofrecerle su ayuda y asesoramiento.
- La persona afectada decide no presentar la denuncia, pero la persona de referencia considera que puede existir acoso y, por tanto, lo pone en conocimiento de la dirección de la empresa. Siempre preservando la confidencialidad de las personas implicadas, ya que el objetivo es que la empresa tome medidas preventivas.
- La persona afectada decide no presentar la denuncia y la persona de referencia tampoco considera que hay evidencias de acoso. En esta situación, se cierra el caso.

- **Fase 2. Denuncia interna e investigación.** La investigación comienza una vez la persona afectada ha interpuesto la denuncia interna. El objetivo de esta fase es investigar de forma exhaustiva los hechos, con la finalidad de emitir un informe vinculante sobre si consideran que ha existido o no acoso sexual o acoso por razón de sexo, e incluir recomendaciones de medidas.
  La denuncia se debe presentar por escrito, normalmente utilizando el modelo estandarizado que se incluye en los protocolos. Debe presentarse a la persona o personas que indica en el protocolo. Puede ser una persona de Recursos Humanos, por ejemplo, o una comisión de investigación.
  En esta fase la Comisión de Investigación realiza la investigación y emite el informe, custodiando y gestionando de forma confidencial toda la documentación existente del caso. Una vez realizado el informe, se debe remitir o a la dirección de la empresa o a la persona externa en que la empresa delega la resolución.
- **Fase 3. Resolución.** La dirección de la empresa o la persona en la que ha delegado, basándose en el informe recibido, debe emitir una resolución. Pueden existir dos resultados:

  - Hay evidencias probadas de que ha existido una situación de acoso, por lo que:

    a. Incoación de un expediente sancionador
    b. Adopción de medidas correctoras

  - No hay evidencias probadas de que ha existido una situación de acoso, por lo que se archiva la denuncia.

Es necesario enviar una copia de la resolución a la persona denunciada, a la denunciante y a la representación legal de los trabajadores, si existiera.

Finalmente, en el caso de abrir un expediente sancionador, debe actuarse con medidas coherentes, teniendo en cuenta las circunstancias agravantes recogidas en el informe y siempre teniendo en cuenta el Estatuto de los Trabajadores y el convenio colectivo aplicable.

 VÍDEO

Dentro de la estandarización de los protocolos de acoso, cada empresa personaliza el suyo basándose en las necesidades y especificidades de su plantilla y modelo de negocio. Por ejemplo, puedes ver un vídeo del protocolo de acoso sexual y por razón de sexo y orientación sexual de la ONCE, que incluye algunas particularidades, por ejemplo incluir la orientación sexual, busca realizar una mediación entre las partes o que la denuncia se hace a través de un correo electrónico a Recursos Humanos. Accede desde aquí para visualizar el vídeo:

https://redirectoronline.com/ctrh00020401

2.2. Principios

Todo el procedimiento debe basarse en los siguientes principios:

- **Confidencialidad.** Toda la información aportada en los casos de acoso es confidencial y solo puede ser conocida por las personas que participen en el proceso interno. Se recomienda que los datos identificativos sean tratados desde el primer momento con códigos numéricos, para preservar la identidad de las personas implicadas.
- **Protección y respeto.** Se debe actuar de forma que se proteja la identidad y dignidad de las personas implicadas. Las personas implicadas

pueden estar acompañadas en todo el proceso por alguien de su confianza.

- **Derecho a la información.** Las personas implicadas en el proceso tienen derecho a la información, a conocer el procedimiento interno y externo, los derechos y obligaciones que tienen y el papel que desarrollan en el proceso.
- **Diligencia y celeridad.** La investigación y resolución se deben llevar con profesionalidad, celeridad y sin demoras injustificadas, debido a que el proceso ha de realizarse en el menor tiempo posible, siempre cumpliendo con todas las garantías. La recomendación es que la duración total del proceso sea de veinte días laborales, ampliables en caso de ser necesario, a treinta días. Asimismo, la fase 1 debe durar máximo 3 días.
- **Trato justo.** El procedimiento debe garantizar un trato justo e imparcialidad.
- **Apoyo de personas formadas.** La empresa debe contar con personas formadas en la materia, para que la intervención y atención sea la adecuada.
- **Colaboración.** Todas las personas que sean citadas durante el procedimiento deben colaborar e implicarse.
- **Protección ante posibles represalias.** Se debe garantizar la protección de las personas implicadas en el proceso, así como la no discriminación y la no existencia de represalias por haber participado en los procesos de comunicación o denuncia de los casos de acoso.

2.3. Pautas de actuación

Una vez la persona de referencia conoce un caso de acoso sexual o acoso por razón de sexo, existen unos estándares específicos que hay que cumplir:

- Valorar el estado emocional de la persona acosada y valorar si hay riesgo para su salud o seguridad.
- Mantener una especialidad sensibilidad con la persona, ya que se debe tener en cuenta que se trabaja con información íntima y privada.
- Informarla de sus derechos, del procedimiento, de las vías de resolución y ofrecerle asesoramiento legal.
- Respetar su autonomía y dejarle el tiempo que necesite para tomar sus propias decisiones. Se debe asesorar y acompañar, no tomar decisiones por ellas.
- Hacer saber a la persona que no está sola y que no es culpable de lo sucedido.
- Facilitar la expresión de las emociones, siendo flexible y creando un clima de seguridad y confianza.

- ⊃ No emitir juicios, ni basarse en estereotipos ni prejuicios. Tampoco utilizar frases hechas.
- ⊃ Considerar la necesidad de asesoramiento y derivación.
- ⊃ Ofrecer información de carácter opcional sobre recursos a los que puede acceder, siempre basados en sus necesidades específicas.

2.4. Elementos de una denuncia

La persona de referencia puede asesorar y ayudar a la persona afecta en la redacción de la denuncia. La denuncia se presenta por escrito, debe presentarla la persona afectada y debe contener como mínimo lo siguiente:

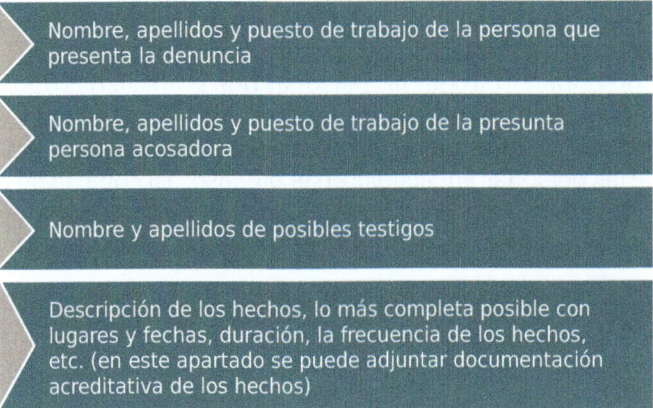

Nombre, apellidos y puesto de trabajo de la persona que presenta la denuncia

Nombre, apellidos y puesto de trabajo de la presunta persona acosadora

Nombre y apellidos de posibles testigos

Descripción de los hechos, lo más completa posible con lugares y fechas, duración, la frecuencia de los hechos, etc. (en este apartado se puede adjuntar documentación acreditativa de los hechos)

Lo ideal es que el formato de denuncia esté estandarizado y que se incluya dentro del protocolo un modelo de denuncia para que lo utilicen las personas que sean víctimas de acoso sexual y/o acoso por razón de sexo.

La mayoría de los protocolos de acoso sexual y acoso por razón de sexo incluyen su propio modelo de denuncia. Esto hace que sea más sencillo para las personas afectadas y que todo siga un mismo formato.

 **EJEMPLO**

El protocolo de prevención y actuación frente al acoso sexual y acoso por razón de sexo en el ámbito laboral, que verás a continuación, incluye su modelo de denuncia. Accede desde aquí para consultarlo:

https://redirectoronline.com/ctrh00020402

2.5. El proceso de investigación

Una vez redactada la denuncia interna, se debe presentar a la persona asignada por la empresa. Dependiendo del tamaño de la empresa, existirá una comisión de investigación o una persona encargada de realizar la investigación, como por ejemplo la persona responsable del Departamento de Recursos Humanos.

La comisión de investigación tiene la función de investigar las denuncias de acoso sexual y/o acoso por razón de sexo que ocurren en la empresa, emitir un informe con sus conclusiones y, en el caso de que consideren que ha existido acoso, incluir recomendaciones de medidas. Las comisiones de investigación pueden ser internas (formada por personas de la empresa), externas (personas u órganos bipartidos), mixtas (composición interna y externa) o creadas *ad hoc* para cada denuncia concreta.

Así, una vez la comisión de investigación recibe la denuncia debe:

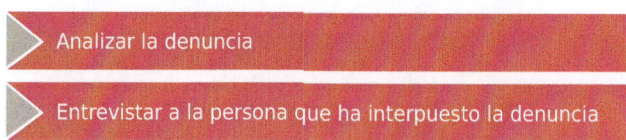

Analizar la denuncia

Entrevistar a la persona que ha interpuesto la denuncia

Continúa en página siguiente >>

<< *Viene de página anterior*

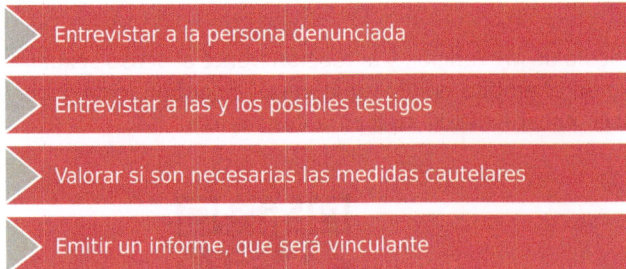

Entrevistar a la persona denunciada

Entrevistar a las y los posibles testigos

Valorar si son necesarias las medidas cautelares

Emitir un informe, que será vinculante

2.6. Realización de un informe

El proceso de investigación concluye con un informe vinculante, donde se deben incluir las conclusiones a las que se ha llegado y las medidas correctoras que se proponen.

El informe debe incluir, como mínimo, los siguientes apartados:

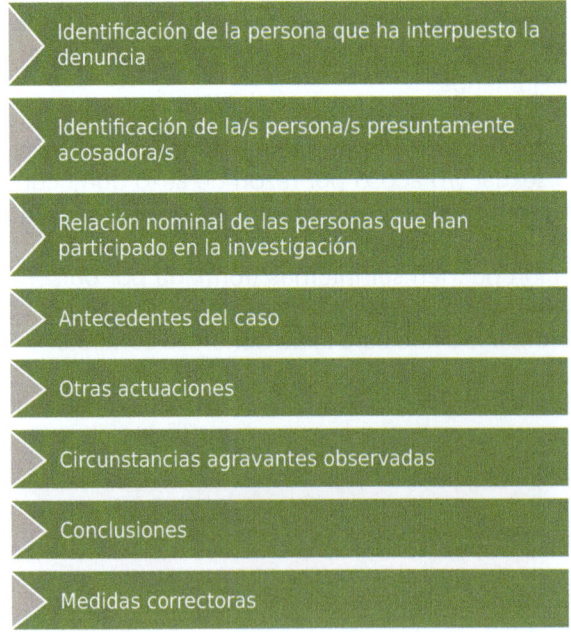

Identificación de la persona que ha interpuesto la denuncia

Identificación de la/s persona/s presuntamente acosadora/s

Relación nominal de las personas que han participado en la investigación

Antecedentes del caso

Otras actuaciones

Circunstancias agravantes observadas

Conclusiones

Medidas correctoras

NOTA

En el informe se hace referencia a las posibles circunstancias agravantes observadas. Estas, por ejemplo, pueden ser:

- La existencia de dos o más personas acosadas.
- La persona denunciada es reincidente.
- La persona acosadora tiene un cargo superior que la persona acosada.
- La persona acosada tiene algún tipo de discapacidad.
- La existencia de represalias o conductas intimidatorias por parte de la persona acosadora.
- Para evitar la investigación, la persona acosada, su familia y amistades, y/o las y los testigos sufren coacciones.
- El estado psicológico, emocional y/o físico de la persona acosada ha sufrido graves alteraciones (debe existir un informe realizado por un doctor/a).

2.7. La relación con las partes implicadas

Todas las partes implicadas en el proceso tienen derecho a la información, a la confidencialidad y a la protección. Tanto la persona de referencia como la/s persona/s que se encarguen de realizar la investigación deben tratar con objetividad, celeridad, individualidad y profesionalidad a las personas implicadas en el proceso.

En el caso de considerar necesario llevar a cabo medidas cautelares, estas deben estar motivadas como garantía de protección de las partes implicadas, además de ser aceptadas por la persona acosada.

Además, las personas encargadas de la investigación no pueden tener relación de dependencia o ascendencia con ninguna de las partes implicadas, para evitar que haya conflicto de intereses.

Finalmente, durante la investigación, ambas partes pueden ser acompañadas y asesoradas por una persona de su confianza.

APLICACIÓN PRÁCTICA

La comisión de investigación de la empresa Igualitas Clave S. L. está investigando un caso de acoso sexual. No obstante, no tienen muy claro el procedimiento que seguir, por lo que han pedido ayuda a la persona de referencia. Ordena las siguientes acciones que se deben llevar a cabo durante la investigación.

- **Entrevistar a la persona denunciada.**
- **Entrevistar a las y los posibles testigos.**
- **Valorar si son necesarias las medidas cautelares.**
- **Entrevistar a la persona que ha interpuesto la denuncia.**
- **Emitir un informe que será vinculante.**
- **Analizar la denuncia.**

Solución

El orden correcto es:

1. Analizar la denuncia.
2. Entrevistar a la persona que ha interpuesto la denuncia.
3. Entrevistar a la persona denunciada.
4. Entrevistar a las y los posibles testigos.
5. Valorar si son necesarias las medidas cautelares.
6. Emitir un informe que será vinculante.

El orden correcto viene establecido por las guías y protocolos emitidos por el Instituto de las Mujeres. Este orden respeta los principios y derechos de las personas implicadas, y hace que le proceso de investigación se cumpla con todas las garantías necesarias.

3. Identificación de las vías externas

☞ HILO CONDUCTOR

Clara ha sido víctima de acoso sexual en su empresa, Igualitas Clave S. L., y ha acudido a María, la persona de referencia, para que le explique los distintos procedimientos y vías de resolución para el conflicto existente. En este caso, Clara no quiere ir por vía interna, porque la persona que la ha acosado es su superior directo y tiene miedo de que la empresa intente taparlo o no la crean, ya que él lleva muchos años trabajando allí y ella solo unos meses. María le explica los distintos procedimientos y le recomienda empezar por una Inspección de Trabajo, porque es inmediata y los resultados de la inspección después puede presentarlos en un juicio, si decide ir también por la vía judicial.

Las vías de resolución externa son la **administrativa** y la **judicial.** Se recomienda, en el caso de querer acudir a las vías externas, empezar por la vía administrativa, y a continuación, con la vía judicial laboral. La vía administrativa, que sería la Inspección de Trabajo, es más inmediata, y los hechos constatados en esta investigación pueden utilizarse posteriormente en la vía judicial laboral. La vía judicial penal debe utilizarse en caso de que el hecho ocurrido sea constitutivo de delito.

3.1. Administrativa y su actuación

La vía de resolución externa administrativa hace referencia a las **inspecciones de trabajo.** Esta actuación consiste en investigar cuál ha sido la actuación que ha llevado a cabo la empresa una vez ha conocido unos hechos de acoso sexual y/o acoso por razón de sexo. Aunque, en algunos casos, la persona afectada ha acudido directamente a las vías externas, por lo que es la propia Inspección de Trabajo quien comunica a la empresa que ha existido un caso de acoso.

 **IMPORTANTE**

Estas actuaciones deben iniciarse en un plazo de 24 h en el caso de acoso sexual, si hay un riesgo relacionado con la maternidad, y 7 días en los casos de acoso por razón de sexo.

3.2. Inspección de Trabajo

Las inspecciones de trabajo están reguladas en la Ley 23/2015, de 21 de julio, Ordenadora del Sistema de Inspección de Trabajo y Seguridad Social.

La Inspección de Trabajo no fiscaliza a la persona presuntamente acosadora, sino a la empresa como ente que debería haber velado por:

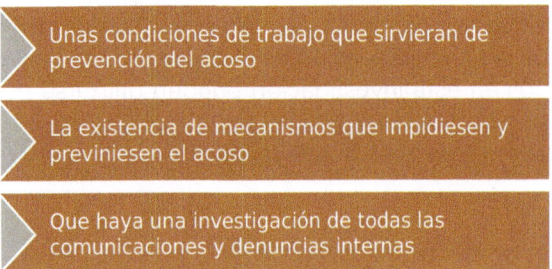

Unas condiciones de trabajo que sirvieran de prevención del acoso

La existencia de mecanismos que impidiesen y previniesen el acoso

Que haya una investigación de todas las comunicaciones y denuncias internas

Las denuncias deberán contener como mínimo lo siguiente:

- ⊃ Datos identificativos de la persona que denuncia y su firma.
- ⊃ Los hechos presuntamente constitutivos de infracción.
- ⊃ Fecha y lugar en el que han sucedido.
- ⊃ Identificación de las personas presuntamente responsables.
- ⊃ Otras circunstancias relevantes.

Pueden presentarse de tres formas distintas:

- ⊃ **Presencial.** Acercándose de forma presencial a las oficinas de la Inspección Provincial de Trabajo y la Seguridad Social o a los demás órganos de la Administración del Estado y de las comunidades autónomas.

◗ **Telemática.** A través de la Sede electrónica del Ministerio de Trabajo y Economía Social.

◗ **Vía postal.** Enviando la carta a la oficina correspondiente de la Inspección Provincial de Trabajo y Seguridad Social. Si se utiliza este sistema, es necesario adjuntar una copia compulsada del DNI de la persona que denuncia.

 ## PARA SABER MÁS

Si deseas consultar la Ley 23/2015, de 21 de julio, Ordenadora del Sistema de Inspección de Trabajo y Seguridad Social puedes hacerlo accediendo desde aquí:

https://redirectoronline.com/ctrh00020403

Puedes encontrar un modelo de denuncia y el formulario para interponer la denuncia de forma telemática a través del siguiente enlace:

https://redirectoronline.com/ctrh00020404

4. Clasificación de la jurisdicción

☞ HILO CONDUCTOR

El caso de Carla, de Igualitas Clave S. L., ha sido archivado. La comisión de investigación ha considerado que no hay evidencias suficientes que demuestren el acoso. Carla está desbordada y muy enfadada con el proceder de la empresa; además, no desea seguir trabajando en la empresa. Por ello, acude a María, la persona de referencia, para saber qué puede hacer ahora. María le explica las distintas vías externas de resolución existentes y los distintos procedimientos de cada una. Entonces Carla decide interponer una denuncia en el juzgado social laboral, con el objetivo de hacer valer sus derechos fundamentales, y además, poder conseguir la extinción del contrato laboral.

Tal y como ya hemos explicado, otra opción de vía de resolución externa es la vía judicial. En este sentido, encontramos la **vía judicial laboral** y la **vía judicial penal.** En ambos casos, se puede interponer la denuncia sin haber pasado por un proceso de denuncia interna en la empresa. No obstante, en el caso de la vía judicial laboral, sí se recomienda que primero que haya pasado por una inspección de trabajo, y en el caso de la vía penal, siempre que haya un hecho constitutivo de delito (el acoso sexual está tipificado como delito en el art. 184 del Código Penal).

4.1. Laboral

La Ley 36/2011, de 10 de octubre, reguladora de la jurisdicción social, en los artículos 177 y siguientes, prevé una modalidad procesal específica para la tutela de los derechos fundamentales.

Este procedimiento debe concluir en:

> Declarar o no la existencia de una vulneración de los derechos fundamentales.

> Ordenar el cese inmediato de los hechos contrarios a los derechos fundamentales.

Continúa en página siguiente >>

<< Viene de página anterior

> Declarar la nulidad radical de la actuación de la empresa u otras corporaciones públicas o privadas.

> Restablecer a la persona que ha demandado en su derecho y reponer la situación al momento anterior a producirse dicho hecho, así como la reparación de las consecuencias derivadas de dicha acción u omisión, incluida la indemnización.

Además, la persona acosada puede solicitar la extinción de la relación laboral en ejercicio del artículo 50 del Estatuto de los Trabajadores.

 SABÍAS QUE...

La vía judicial laboral está altamente recomendada para proteger los derechos, especialmente si, por la gravedad de los hechos o por la posición de la persona que está creando la situación de acoso, las vías internas parecen inadecuadas, o bien si no se está de acuerdo con la resolución a la que se ha llegado por la vía interna.

4.2. Penal

Como se ha comentado con anterioridad, la vía judicial penal se utiliza cuando la acción es constitutiva de delito, debido a que el acoso sexual laboral está tipificado en el artículo 184 del Código Penal. El acoso sexual está penado con pena de prisión de tres a cinco meses o de multa de seis a diez meses.

No obstante, hay dos casos agravantes de la pena:

Cuando la persona culpable de acoso sexual haya cometido el hecho prevaleciéndose de una situación de superioridad laboral, jerárquica o docente.	Cuando la víctima sea especialmente vulnerable, por su edad, enfermedad o situación.

Por otro lado, el delito de discriminación por razón de sexo en el trabajo está tipificado en el artículo 314 del Código Penal. En este caso, está penado con la pena de prisión de seis meses a dos años, o multa de doce a veinticuatro meses.

 ## PARA SABER MÁS

Puedes leer un artículo donde se hace un acercamiento al estado de la cuestión a nivel jurídico del acoso sexual en España. Teniendo en cuenta la normativa internacional, cómo se actúa con relación a ella en España. Accede al artículo desde aquí:

https://redirectoronline.com/ctrh00020405

 ## ACTIVIDAD COMPLEMENTARIA

4. Busca un mínimo de dos noticias que hagan referencia a la resolución de un caso de acoso sexual o acoso por razón de sexo a través de la vía administrativa o judicial.

5. Aplicación de casos prácticos

☞ HILO CONDUCTOR

En Igualitas Clave S. L. acaban de aprobar y han empezado a implementar el protocolo de acoso sexual y acoso por razón de sexo en la empresa. En este momento se encuentran difundiendo e informando a toda la plantilla acerca de la aprobación del protocolo a través de sesiones presenciales realizadas por la técnica de igualdad. Además, han creado unos trípticos con los puntos clave del protocolo y con la información acerca del canal de denuncias que han creado para estos casos, debido a que han decidido crear un correo electrónico específico para los casos de acoso, preservando así la identidad y confidencialidad de las personas.

La elaboración del protocolo de acoso sexual y acoso por razón de sexo es obligatoria para todas las empresas, independientemente de su tamaño. El proceso será distinto si la empresa tiene un plan de igualdad (voluntario u obligatorio) o no. En el caso de las empresas con plan de igualdad, el protocolo de acoso sexual y acoso por razón de sexo forma parte del mismo plan, por lo que debe registrarlo.

En los casos de las empresas que no tienen plan, pueden depositar, de forma voluntaria, el protocolo en los registros de las autoridades laborales.

Además, aunque hay pautas y claves para la elaboración del protocolo de acoso sexual y acoso por razón de sexo, cada protocolo debe adecuarse a las necesidades de la empresa y seguir las pautas del convenio colectivo correspondiente.

5.1. Claves para la elaboración de un protocolo

Para la elaboración e implementación de un protocolo de acoso sexual y acoso por razón de sexo se deben seguir una serie de pasos. A continuación, se exponen un conjunto de claves para que sea más sencilla la tarea de elaborar el protocolo:

➲ **Medidas de prevención y actuación.** En el ámbito del protocolo que hace referencia a la prevención y actuación, se debe poner énfasis en las actuaciones proactivas, resaltando la necesidad de actuar antes de que suceda un caso de acoso. Para ello, es necesario poner en marcha tres tipos de acciones:

◑ Compromiso de la empresa, que debe incluirse en la presentación del protocolo.
◑ Políticas de igualdad y una organización del trabajo que dificulten el acoso sexual y el acoso por razón de sexo.
◑ Acciones de sensibilización, formación e información para implicar a toda la plantilla.

Ejemplos concretos de estas medidas puede ser: implementar un plan de igualdad; usar instrumentos de evaluación de riesgos laborales sensibles al género; presentar todos los datos de la empresa desagregados por sexo; implementar un procedimiento efectivo y basado en las características de la empresa; realizar sesiones informativas, cursos, talleres, dípticos, etc.; facilitar estilos de gestión y liderazgo participativos, etc.

➲ **Canal de denuncias.** Es relevante que en el protocolo se incluya el canal de denuncias que se va a utilizar para remitir las denuncias en caso de protocolos de acoso sexual y acoso por razón de sexo. En algunos casos, se debe remitir la denuncia a Recursos Humanos; en otros casos se habilita una dirección de correo electrónico específica para ello (a la que solo tienen acceso las y los miembros de la comisión de investigación); en otros casos, se utilizan los canales de denuncia genéricos que ya tiene la empresa. Lo más significativo es que el canal de denuncias sea confidencial, que se base en las características y necesidades de la empresa, y que se detalle en el protocolo.

➲ **Procedimiento interno.** El protocolo debe incluir de forma detallada cuál será el procedimiento interno, incluyendo las fases, los principios y las medidas cautelares y correctoras.

➲ **Seguimiento y evaluación del protocolo.** Una parte esencial del protocolo es establecer un mecanismo de seguimiento y evaluación. Para ello, es necesario realizar sesiones periódicas (una o dos anuales), donde participen la persona de referencia, la dirección de la empresa, la comisión de investigación (o la persona asignada) y la representación legal de las y los trabajadores.

Hay cuatro indicadores (todos desagregados por sexo) que deben incluirse sí o sí en la evaluación del protocolo:

◑ Número de personas trabajadoras que han realizado una comunicación por acoso sexual o por acoso por razón de sexo, y el porcentaje con respecto al total de la plantilla.

- Número de personas trabajadoras que han interpuesto una denuncia interna por acoso sexual o por acoso por razón de sexo, y el porcentaje con respecto al total de la plantilla.
- Número anual de medidas preventivas y/o de sensibilización que se han llevado a cabo (horas de sensibilización/ formación y lista de medidas).
- Número de procedimientos sancionadores que se han llevado a cabo anualmente.

- **Difusión del protocolo.** El protocolo, para poder ser implementado, requiere que la plantilla esté informada, tanto de su puesto en marcha como periódicamente. Es muy importante que toda la plantilla conozca las conductas constitutivas de acoso, el procedimiento, el modelo de denuncia, los principios del procedimiento y los plazos de resolución. Además, cuando se incorporen nuevas/os trabajadores a la empresa es necesario que se les informe también. Por ejemplo, en la fase de implementación del protocolo se pueden realizar sesiones presenciales acerca del contenido del protocolo y dar una copia física. También anualmente se pueden realizar sesiones de recordatorio e informar por escrito de las distintas acciones realizadas de sensibilización y prevención.

 **VÍDEO**

El Instituto de las Mujeres pone a disposición de las empresas y trabajadoras y trabajadores distintos recursos para poder trabajar en una igualdad real y efectiva, y recursos para implementar correctamente los protocolos. Puedes acceder a ellos desde aquí:

https://redirectoronline.com/ctri00020201

El índice del protocolo de acoso sexual y acoso por razón de sexo debería seguir este ejemplo:

- **Identificación.** Título, fecha de aprobación y período de vigencia.
- **Presentación y ámbito de aprobación.** Nombre de la empresa, el compromiso y declaración de la empresa, las motivaciones, etc.
- **Objetivos.** Identificar claramente los objetivos generales y específicos del protocolo.
- Ámbito de aplicación. El protocolo es aplicable a todas las personas trabajadoras de la empresa en su entorno laboral, teniendo en cuenta que el entorno laboral no está determinado ni por la jornada laboral, ni por el lugar físico ni por la vinculación con la empresa.
- **Definiciones.** En el protocolo deben constar las definiciones de acoso sexual y acoso por razón de sexo (se pueden usar las de la Ley de Igualdad, por ejemplo) y todas las conductas que se incluyen dentro de ellas.
- **Principios.** Se recomienda que, para dar confianza a la plantilla, se incluya en el protocolo un apartado de principios y garantías.
- **Derechos y obligaciones.** En el protocolo se debe incluir, también, un apartado con las obligaciones de la empresa, los derechos y obligaciones de las personas trabajadoras, y la participación de la representación legal de las personas trabajadoras.
- **Prevención.** Se deben recoger todas las actuaciones que se realizarán para prevenir los casos de acoso sexual y acoso por razón de sexo.
- **Procedimiento de actuación.** Definición de las fases y el procedimiento que seguir si se ha sido víctima de un hecho de acoso.
- **Seguimiento y evaluación.** Las acciones que se realizarán para hacer el seguimiento y evaluación del protocolo.
- **Difusión e información a la plantilla.** Las acciones que se van a llevar a cabo para informar a la plantilla y difundir el protocolo
- **Anexo.** Modelo estandarizado de denuncia interna.

5.2. Claves para el acompañamiento y asesoramiento

En todas las unidades se ha hecho referencia a cómo debe ser el acompañamiento y asesoramiento de las personas afectadas, debido a que se busca evitar la revictimización y ayudar a las personas en su proceso de empoderamiento y recuperación. Las acciones más relevantes que tener en cuenta cuando se debe acompañar y asesorar a la persona afectada son:

- Tener formación en igualdad de género y en violencia contra las mujeres, para evitar la revictimización.
- Intervenir y actuar desde un enfoque sensible al género.
- Informarse y conocer los distintos recursos que ofrece tanto el ayuntamiento como la comunidad autónoma en los casos de acoso sexual y acoso por razón de sexo.

- ⮔ Asesorar de forma personalizada, teniendo en cuenta las necesidades específicas de cada persona.
- ⮔ Utilizar la escucha activa, la respuesta asertiva y la empatía.
- ⮔ Tener en cuenta las distintas discriminaciones y opresiones que puede sufrir una persona, es decir, si es especialmente vulnerable.
- ⮔ Ofrecer en distintos momentos de la entrevista el acompañamiento durante el proceso y el asesoramiento en la redacción de la denuncia.
- ⮔ Derivar solo a los recursos adecuados para la persona.
- ⮔ Proteger la identidad de las personas implicadas. Trabajar siempre desde el respeto a las personas y la confidencialidad.

Es muy importante que la persona que acompañe y asesore a las víctimas no solo tenga conocimiento de los recursos, sino formación en violencia contra las mujeres y/o igualdad, porque esta conocerá los procedimientos de intervención social.

 PARA SABER MÁS

Puedes ver distintas guías de apoyo y acompañamiento a víctimas accediendo desde aquí:

Guía de apoyo acoso psicológico en el entorno laboral *mobbing*	Intervención en casos de acoso laboral

https://redirectoronline.com/ctrh00020406 *https://redirectoronline.com/ctrh00020407*

TAREA 4

La empresa Igualitas Clave, S. L. acaba de implementar su protocolo de acoso sexual y acoso por razón de sexo. Una de sus empleadas, Juana, ha informado a su superior inmediato de que ha sido víctima de acoso sexual por parte de su compañero de trabajo, Carlos. Juana está visiblemente afectada y ha solicitado ayuda para proceder. Como parte del equipo que gestiona la implementación del protocolo, se te asigna la tarea de gestionar el caso siguiendo las fases establecidas en el protocolo. Detalle los pasos que tomarías para:

1. Atender la denuncia: ¿cómo procederías desde el momento en que recibes la información de Juana? Describe las primeras acciones que llevarías a cabo.
2. Realizar la investigación interna: explica cómo se debería llevar a cabo la investigación interna del caso.
3. Redactar el informe de investigación: ¿cómo presentarías las conclusiones y recomendaciones?
4. Informar a las partes: ¿cómo comunicarías los resultados de la investigación a Juana y Carlos? Es importante siempre tener en cuenta la confidencialidad y privacidad de las personas implicadas.

6. Resumen

El protocolo de acoso sexual y acoso por razón de sexo es una **herramienta de prevención y de actuación** frente al acoso sexual y acoso por razón de sexo. El protocolo debe recoger la declaración de la empresa y su compromiso en la lucha contra la desigualdad estructural de género, los principios y garantías del protocolo, los derechos y obligaciones de la dirección de la empresa y de la plantilla, las definiciones y conductas constitutivas de acoso, las medidas cautelares y correctoras, las acciones de prevención, actuación y difusión del protocolo, y el procedimiento interno de denuncia.

Los casos de acoso sexual y acoso por razón de sexo se pueden resolver por dos tipos de vías:

Vía interna
- Resolución que se produce dentro de la misma empresa. - El procedimiento tiene tres fases: comunicación y asesoramiento, denuncia e investigación, y resolución.

Vía externa
- Vía administrativa: a través de la Inspección de Trabajo. - Vía judicial: laboral (derechos fundamentales) y penal (cuando es un hecho constitutivo de delito).

Es muy importante que la persona de referencia realice un buen el acompañamiento y asesoramiento, ya que es la encargada de informar a la persona que ha interpuesto la denuncia de sus derechos, de cómo es el procedimiento, de cómo debe redactar la denuncia, de los recursos externos e internos a los que puede acceder, etc. Además, debe trabajar siempre desde un enfoque sensible al género y desde la empatía, la escucha activa y la asertividad, respetando la confidencialidad y privacidad de la persona.

Ejercicios de autoevaluación
Unidad de Aprendizaje 4

1. **¿En qué fase de resolución de un caso de acoso sexual y/o acoso por razón de sexo la comisión de investigación realiza la investigación y emite el informe?**

   a. Fase 1
   b. Fas 3
   c. Puede ser en la fase 1 o en la 2
   d. Fase 2

2. **Indica en cuál de los siguientes principios no se basa el procedimiento:**

   a. Trato justo
   b. Diligencia y celeridad
   c. Coordinación
   d. Protección ante posibles represalias

3. **Determina si la siguiente oración es verdadera o falsa. "La persona de referencia puede asesorar y ayudar a la persona afectada en la redacción de la denuncia".**

   ■ Verdadero
   ■ Falso

4. **Señala cuál de los siguientes afirmaciones NO es correcta.**

   a. La Inspección de Trabajo es una vía de resolución externa.
   b. En los casos de acoso sexual la actuación de la Inspección de Trabajo debe iniciarse en un plazo de 24 h.
   c. En los casos de acoso por razón de sexo la actuación de la Inspección de Trabajo debe iniciarse en un plazo de 48 h.
   d. No fiscaliza a la persona presuntamente acosadora, sino a la empresa.

5. Cuando la acción es constitutiva de delito, debemos acudir a...

    a. ... un procedimiento interno de la empresa.
    b. ... la vía judicial penal.
    c. ... la vía judicial laboral.
    d. ... la vía administrativa.

6. Determina si la siguiente oración es verdadera o falsa. "La Ley 36/2011, de 10 de octubre, reguladora de la jurisdicción social, prevé una modalidad procesal específica para la tutela de los derechos fundamentales".

    ■ Verdadero
    ■ Falso

7. En el proceso judicial-penal hay distintas agravantes de la pena. Señala la correcta:

    a. Cuando la persona culpable de acoso sexual haya cometido los hechos bajo los efectos del alcohol y/o otras drogas.
    b. Cuando la persona culpable de acoso sexual haya cometido el hecho prevaleciéndose de una situación de superioridad laboral, jerárquica o docente.
    c. Cuando la víctima sea especialmente vulnerable, por su edad, enfermedad o situación
    d. Las opciones b y c son correctas.

8. Para que el protocolo de acoso sexual y acoso por razón de sexo sea implementado, no es necesario que la plantilla esté informada.

    ■ Verdadero
    ■ Falso

9. Señala la afirmación incorrecta en relación con el canal de denuncias.

    a. En algunas empresas tienen canales de denuncia genéricos. Son los que utilizan, también, para los casos de acoso sexual y acoso por razón de sexo.
    b. En algunos casos la denuncia se remite a Recursos Humanos.

c. En algunas empresas se crea un correo electrónico específico para las denuncias de acoso sexual y/o acoso por razón de sexo.

d. Todas las opciones son correctas.

10. **Determina si la siguiente oración es verdadera o falsa: "Asesorar de forma personalizada, teniendo en cuenta las necesidades específicas de cada persona, es una herramienta clave para una buena intervención".**

■ Verdadero
■ Falso

Glosario

Acoso por razón de sexo
Cualquier comportamiento realizado en función del sexo de una persona, con el propósito o el efecto de atentar contra su dignidad y de crear un entorno intimidatorio, degradante u ofensivo.

Acoso sexual
Cualquier comportamiento, verbal o físico, de naturaleza sexual que tenga el propósito o produzca el efecto de atentar contra la dignidad de una persona, en particular cuando se crea un entorno intimidatorio, degradante u ofensivo.

Androcentrismo
El hombre como medida de todas las cosas. La tendencia a posicionar la experiencia del hombre en el centro de las explicaciones sobre las personas y el mundo.

Asertividad
Exponer nuestro punto de vista en un conflicto, pero sin provocar que la otra parte tenga una actitud defensiva.

Diferencia
Es la falta de igualdad, la existencia de diversidad.

Discriminación
Tratar de forma desigual a una persona o grupo de personas por motivos religiosos, políticos, de sexo, raciales, de edad, etc.

Discriminación directa
Una persona es tratada de forma menos favorable que otra en una situación comparable, por razón de sexo.

Discriminación indirecta
Situación que se presupone neutra pero que sitúa a las personas de un determinado sexo en desventaja respecto a las del otro sexo.

Diversidad
Todas las personas somos diferentes. Se busca que mujeres y hombres sean iguales en la diferencia.

Empatía
Capacidad que tiene una persona para comprender los sentimientos de otra persona, es decir, de ponerse en su lugar.

Enfoque sensible al género
Herramienta conceptual que busca mostrar las diferencias entre mujeres y hombres, es decir, presta atención a estas diferencias entre sexos en las distintas actividades.

Equidad
Parte de las diferencias buscando un equilibrio igualitario.

Escucha activa
Cuando no solo escuchamos lo que la persona está expresando, sino también las ideas, sentimientos o pensamientos que subyacen a lo que está explicando.

Esfera privada
Ámbito reproductivo, tradicionalmente asignado a las mujeres.

Esfera pública
Ámbito productivo, tradicionalmente asignado a los hombres.

Estereotipos de género
Conjunto de ideas impuestas, simplificadas, asumidas por la sociedad sobre las actitudes, aptitudes y características de hombres y mujeres.

Feminizado
Sector que tiene las características asignadas tradicionalmente a las mujeres.

Igualdad
Busca que desaparezca la desigualdad de trato y oportunidades.

Igualdad de trato
Debe tratarse a todas las personas sin discriminación.

Igualdad formal
Artículo 14 de la Constitución, donde se reconoce que todas las personas son iguales ante la ley.

Igualdad real
Igualdad, no solo ante la ley, sino también en todos los ámbitos de la sociedad.

Masculinizado
Sector que tiene las características tradicionalmente asignadas a los hombres.

Medidas cautelares
Medidas que se aplican durante el período de investigación del hecho de acoso sexual y/o acoso por razón de sexo.

Medidas preventivas
Aquellas que se realizan para evitar el acoso sexual y/o acoso por razón de sexo.

Medidas reactivas
Aquellas que ejecuta la organización una vez se ha producido el hecho de acoso.

Patriarcado
Se perpetúa a través de un conjunto de prácticas materiales y culturales que favorecen el acceso a los órganos de poder y toma de decisión a los hombres.

Persona de referencia
Persona capacitada y formada en igualdad de género, que deberá informar, asesorar y acompañar en todo el proceso a la persona agredida.

Plan de igualdad
Conjunto de medidas evaluables que buscan la consecución de la igualdad efectiva de mujeres y hombres, y por tanto, eliminar la discriminación y desigualdad en las empresas.

Prejuicios
Sentimientos y emociones positivas o negativas que se tienen sobre un grupo social y las personas que forman parte de él.

Prevención
Medida que se toma para evitar un riesgo, en este caso, prevenir el acoso sexual y/o acoso por razón de sexo.

Protocolo de acoso sexual y acoso por razón de sexo
Documento que establece los procedimientos de actuación de una determinada empresa cuando ocurran casos de acoso sexual y por razón de sexo.

Riesgos psicosociales
Condiciones laborales que pueden repercutir de forma negativa en la salud física y/o psicológica de una persona trabajadora.

Roles de género
Conjunto de normas sociales y comportamientos que deben seguir hombres y mujeres en función de la construcción social de femineidad y masculinidad de esa sociedad.

Segregación horizontal
Se produce cuando las mujeres están sobrerrepresentadas en actividades vinculadas a las tareas habitualmente femeninas basadas en la división sexual del trabajo.

Segregación vertical
Se produce cuando las personas de un determinado sexo o raza no pueden acceder a los puestos más altos de las empresas. También se conoce como techo de cristal.

Sensibilización
Busca visibilizar los problemas de género y promover acciones y estrategias para evitar y prevenir la violencia contra las mujeres.

Socialización diferencial de género
Implica que las niñas y los niños son diferentes y que, por lo tanto, deben tener roles distintos en la vida. Es un proceso que perpetúa las desigualdades y la división sexual del trabajo.

Vía de resolución externa
Se produce fuera de la empresa a través de la vía administrativa (Inspección de Trabajo) o vía judicial (laboral o penal).

Vía de resolución interna
Resolución que se produce dentro de la misma empresa.

Violencia contra las mujeres
Violencias basadas en la desigualdad de poder de mujeres y hombres y en la estructura social patriarcal. Violencias que sufren las mujeres por el simple hecho de ser mujeres.

Bibliografía

Monografías

→ REDORTA, J.: *Cómo analizar los conflictos: la tipología de conflictos como herramienta de mediación.* Madrid: Paidós Ibérica, 2004.

> Josep Redorta es muy reconocido en el ámbito de la conflictología y la resolución alternativa de conflictos, especialmente en mediación. En este libro hace referencia a los distintos conflictos que existen y cómo se pueden resolver para acabar en la situación de GANAR-GANAR.

Textos electrónicos, bases de datos y programas informáticos

→ Comisión de Igualdad y Tiempo de Trabajo del Consejo de Relaciones Laborales de Cataluña. *Protocolo para la prevención y abordaje del acoso sexual y por razón de sexo en la empresa.* Generalitat de Catalunya, de: <https://treball.gencat.cat/web/.content/13_-_consell_relacions_laborals/documents/04_-_recursos/publicacions/protocol_assetjament/Protocolo-para-la-prevencion-y-abordaje-del-acoso-sexual-y-por-razon-de-sexo-en-la-empresa_DEF.pdf>.

> Ejemplo de protocolo elaborado de forma participativa y colaborativa. Hace un recorrido por todas las partes imprescindibles que deben tener los protocolos de acoso sexual y acoso por razón de sexo.

→ QUIÑÓNEZ, J. Z. y MOYANO, G.: *La asertividad como estilo de comunicación en la formación del sujeto educador.* Revista Scientific, 4, 68-83, de: <https://www.redalyc.org/journal/5636/563662173005/html/>.

> Jennifer Quiñónez y Genaro Moya trabajan e investigan en el ámbito de la comunicación efectiva y la asertividad. En este artículo analizan cómo la asertividad es un estilo de comunicación necesario para intervenir y atender a las personas, así como un estilo que promueve la colaboración entre personas.

→ Secretaría de Salud Laboral y Medio Ambiente UGT-CEC: *Guía análisis comparado de los protocolos de actuación frente al acoso en el trabajo.* Fundación Estatal para la Prevención de Riesgos Laborales, de: <https://www.ugt.es/sites/default/files/guiawebacoso.pdf>.

> En esta guía se hace hincapié en los riesgos psicosociales que se pueden sufrir en las empresas, realizando un acercamiento al acoso sexual y el acoso por razón de sexo, así como, las consecuencias de dicho acoso.

→ Subdirección General para el Emprendimiento, la Igualdad en la Empresa y Negociación Colectiva de Mujeres: *Protocolo para la prevención y actuación frente al acoso sexual, el acoso por razón de sexo y otros conductas contrarias a la libertad sexual y la integridad moral en el ámbito laboral: manual de referencia.* Instituto de las Mujeres, de: <https://www.igualdadenlaempresa.es/asesoramiento/acoso-sexual/docs/Protocolo_Acoso_Sexual_Por_Razon_Sexo_2023.pdf>.

> En este manual se ofrecen pautas y herramientas para la creación del protocolo de acoso sexual y acoso por razón de sexo, además de incluir dos ejemplos de protocolo para completar.